STEPHEN HAWKING: A GRAPHIC GUIDE by J.P.MCEVOY AND OSCAR ZARATE

Copyright: © 2013 Icon Books Ltd

This edition arranged with THE MARSH AGENCY LTD & Icon Books Ltd.

Through BIG APPLE AGENCY, INC., LABUAN, MALAYSIA.

Simplified Chinese edition copyright:

2022 SDX JOINT PUBLISHING COMPANY CO. LTD.

All rights reserved.

霍 金

Stephen Hawking

[英] J.P. 麦克沃伊（J.P.McEvoy）/ 文
[英] 奥斯卡·萨拉特（Oscar Zarate）/ 图
徐向东 / 译

Simplified Chinese Copyright © 2022 by SDX Joint Publishing Company.
All Rights Reserved.
本作品简体中文版权由生活·读书·新知三联书店所有。
未经许可，不得翻印。

图书在版编目（CIP）数据

霍金／（英）J.P. 麦克沃伊文；（英）奥斯卡·萨拉特图；徐向东译．—北京：生活·读书·新知三联书店，2022.7（2025.5 重印）
（图画通识丛书）
ISBN 978 – 7 – 108 – 07438 – 6

Ⅰ．①霍… Ⅱ．① J… ②奥… ③徐… Ⅲ．①霍金（Hawking, Stephen 1942-2018）－传记 Ⅳ．① K835.616.14

中国版本图书馆 CIP 数据核字（2022）第 074048 号

责任编辑	黄新萍
装帧设计	张　红　康　健
责任印制	卢　岳
出版发行	生活·讀書·新知 三联书店
	（北京市东城区美术馆东街 22 号 100010）
网　　址	www.sdxjpc.com
图　　字	01-2018-7862
经　　销	新华书店
印　　刷	北京隆昌伟业印刷有限公司
版　　次	2022 年 7 月北京第 1 版
	2025 年 5 月北京第 2 次印刷
开　　本	787 毫米 × 1092 毫米　1/32　印张 5.75
字　　数	50 千字　图 171 幅
印　　数	6,001 – 9,000 册
定　　价	39.00 元

（印装查询：01064002715；邮购查询：01084010542）

目 录

- 001 全宇宙最幸运的人
- 009 广义相对论
- 012 牛顿：力的概念
- 013 宇宙中的四种力
- 016 《自然哲学的数学原理》：牛顿的宇宙
- 019 牛顿与霍金
- 022 质量概念
- 026 爱因斯坦：经典物理学的拯救者
- 029 爱因斯坦与霍金
- 030 爱因斯坦最幸福的想法
- 033 水星的近日点：从问题到解决
- 034 发现正确的方程
- 036 场方程——它们意味着什么？
- 038 视觉化弯曲空间：橡胶板模型
- 040 星光的弯曲：1919年5月29日的日食
- 043 解爱因斯坦方程：霍金的起始材料
- 044 1）史瓦西几何学
- 045 至关重要的半径
- 046 2）弗里德曼：膨胀宇宙
- 048 大爆炸的先驱：勒梅特的最初目标
- 050 3）奥本海默：论连续的引力坍缩，1939年
- 052 1939年9月1日
- 054 1942年……故事的转折点
- 055 爱因斯坦去世
- 063 霍金的时代
- 071 无私的论文导师
- 076 你需要知道：奇点是什么？
- 083 宇宙的演化
- 084 1965年：霍金的重要一年

- 085 不可阻挡的心灵
- 086 60年代革命
- 088 达拉斯，1963年
- 091 你需要知道：电磁波谱
- 093 1963年：类星体
- 095 1965年：宇宙背景辐射
- 096 你需要知道：热辐射
- 099 宇宙的历史
- 104 黑洞：惠勒给媒体提供了一个流行术语
- 105 黑洞时代
- 106 黑洞是什么？
- 107 恒星的诞生和死亡
- 110 恒星如何坍缩形成白矮星、中子星和黑洞？
- 115 黑洞的观察证据
- 119 70年代：霍金与黑洞
- 122 霍金的尤里卡时刻
- 124 热力学第二定律
- 128 现在回来说黑洞……
- 129 新观念的诞生引发争议
- 131 1972年8月，法国莱苏什黑洞物理学暑期学校
- 134 你需要知道：不确定性原理与虚粒子
- 139 1974年2月，牛津，卢瑟福-阿普尔顿实验室
- 145 霍金与梵蒂冈：一位现代的伽利略
- 150 霍金与早期宇宙
- 151 我们为何需要量子理论？
- 152 量子宇宙学
- 153 量子引力或万有理论
- 155 量子宇宙学与复杂时间
- 156 波与粒子：大自然对物理学家开了一个玩笑
- 157 量子力学的奇异世界
- 158 量子宇宙学：将薛定谔方程应用于宇宙
- 160 1995年2月17日，应用数学与理论物理系

161 暴胀

162 暴胀与量子涨落

163 人择原理

164 霍金与诺贝尔奖

166 宇宙背景探测器：有史以来最重要的发现（？）

172 延伸阅读

173 致谢

175 索引

全宇宙最幸运的人

1994年10月19日,本书作者采访了斯蒂芬·霍金。他一开始就提了一个问题,看似有点大胆——如果这个问题不算无礼的话:你认为自己幸运吗?

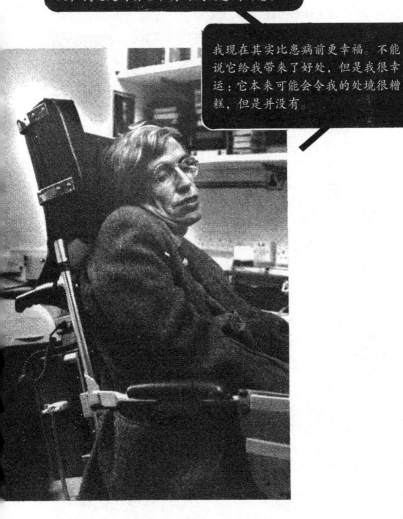

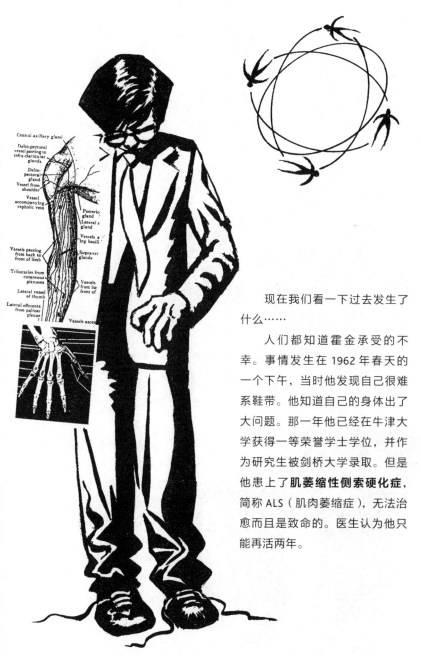

现在我们看一下过去发生了什么……

人们都知道霍金承受的不幸。事情发生在 1962 年春天的一个下午,当时他发现自己很难系鞋带。他知道自己的身体出了大问题。那一年他已经在牛津大学获得一等荣誉学士学位,并作为研究生被剑桥大学录取。但是他患上了**肌萎缩性侧索硬化症**,简称 ALS(肌肉萎缩症),无法治愈而且是致命的。医生认为他只能再活两年。

通俗小报和平装本传记可能会令我们相信,在接下来的几个月里,霍金极度沮丧,在大学寓所中喝酒、听瓦格纳的音乐。更令他痛苦的是,他听说著名的天文学家弗雷德·霍伊尔(Fred Hoyle,1915—2001)不会担任他的学术导师了,而这正是他起初选择去剑桥的理由。

不过他的运气很快就开始变好。一位年轻的女士，简·怀尔德（Jane Wilde）——他是在 1962 年的新年前夜遇见她的——对他确实抱有好感，而剑桥大学物理系则指定丹尼斯·夏默（Dennis Sciama，1926—1999）作为他的指导教师，夏默是相对论宇宙学领域中最知名，也最富启发性的学术导师之一。

自打人们认为霍金由于不幸患有 ALS 而身体能力严重受限开始，所有的幸运似乎就在 20 世纪 60 年代早期接踵而来，霍金由此得以作为一位当代领先的宇宙学家而完成自己的使命。

首先，对于他选择的专业（理论物理学）来说，他**绝对**需要的唯一才能就是自己的头脑，而他的疾病对大脑完全没有影响。他又遇到了一位能够帮助他的伴侣简·怀尔德，还有一位富有同情心的论文导师夏默。

不久他还会碰到罗杰·彭罗斯（Roger Penrose，生于1931年），一位从事黑洞研究的杰出数学家，他会教给霍金物理学中全新的分析工具。彭罗斯还会帮他解决一个研究方面的问题，这个问题不仅拯救了霍金的博士论文，而且将他直接引入主流的理论物理学当中。

在这样一个对霍金的人生至关重要的时期，这三个人给予他的帮助或许超出了所有人的预期。

大约同一时期,命运又给了霍金另一次机会。爱因斯坦的广义相对论大约 50 年前就已经提出并有所发展,而今却仅在宇宙学的实际问题中得到广泛应用。根据这套理论所做的预测好像也很奇怪,用了几十年的时间才被接受。现在,到了 20 世纪 60 年代早期,以广义相对论为基础的宇宙学研究的黄金岁月即将开始。命运等待着霍金。这位内心深处雄心勃勃(尽管当时已经有点残疾)的理论物理学家即将登场。他不知道自己能活多久……但他肯定在正确的时间处在了正确的位置。

霍金被称作**相对论宇宙学家**。这意味着他将宇宙作为一个整体来研究（宇宙学家），而且主要使用相对论（相对论的）。

作为一位理论物理学家，霍金的整个职业生涯都在研究爱因斯坦的广义相对论——从20世纪60年代早期到90年代中期。因此，我们最好了解一下广义相对论。

广义相对论

1915年11月,柏林。阿尔伯特·爱因斯坦(Albert Einstein,1879—1955)刚刚完成他的广义相对论,这是一种利用弯曲空间和弯曲时间来描述引力的数学结构。两年之后,整个现代宇宙学才诞生,当时爱因斯坦发表了他的第二篇论文**《宇宙学思考》**(*Cosmological Considerations*),在这篇文章中,他将自己的新理论应用到整个宇宙。

广义相对论很难把握,理解它的人寥寥无几,但是他们都认为,这是一套优雅的,甚至漂亮的引力理论。

把一套方程描述为"漂亮的",对于理解爱因斯坦和牛顿(Isaac Newton,1643—1727)的理论有何不同并没有什么帮助。但看看这两种理论各自如何描述处于同样物理条件下的引力,或许有用。

宇宙学家为什么一定要研究引力呢?

宇宙学是研究整个宇宙的,其主题大多基于宽泛的假说。引力决定了宇宙的大尺度结构,或者说得简单一点,它让行星、恒星和星系联结在一起。这是该研究领域中最重要的概念。

直到最近,宇宙学都被看成是一门为荣休教授保留的伪科学。但是最近 30 年以来(大概正与霍金的职业生涯同期),两项主要的发展已经彻底改变了这门学科。

- 首先，实测天文学中的主要突破（已触及最遥远的星系）已经将宇宙变成一间检验宇宙学模型的实验室。
- 其次，爱因斯坦的广义相对论已被反复证明是一套精确可靠的理论，研究的是遍及整个宇宙的万有引力。

请记住，物理学是一门积累性的学科。新理论建立在先前理论的基础上，将经过实验检验的观念保留下来，抛弃那些经不住检验的观念。我们的最终目标是要理解霍金的贡献——他已经将爱因斯坦的万有引力理论做了最大限度的拓展。

重要的是要理解**局部理论**（partial theories）的概念。例如，只有当引力很弱时，牛顿的万有引力定律才是极其精确的——因此，在强引力场中，就必须代之以爱因斯坦的广义相对论。同样，在考察微观层面的相互作用时（例如大爆炸奇点，或者在黑洞的边缘和中心），就必须用量子力学来取代相对论。霍金被公认为是这样一位理论家：他有最好的机会将广义相对论和量子力学结合起来，提出量子引力——其观点被媒体错误地命名为"**万有理论**"（The Theory of Everything）。

整个故事先是有了**牛顿**，然后是**爱因斯坦**，然后是**霍金**。

首先是**牛顿**。

牛顿：力的概念

牛顿引入了**引力**的概念，提出两个物体之间的引力与其中每个物体的**质量**（即该物体所含有的物质的量）成正比，与二者间距离的平方成反比。

两个物体之间的引力　万有引力常数　两个物体的质量

$$F = G \cdot \frac{M_1 M_2}{R^2}$$

两个物体之间的距离

别紧张，这是一个很简单的方程！

我把这称为我的**万有引力定律**。

"如果两个物体当中某个物体的质量加倍，那么力也加倍；但是如果两个物体之间的距离加倍，那么，由于分母为距离的平方，力就减小到原来的1/4。"

"因此，随着两个物体分离，力就迅速减小。"

引力是自然界中最弱的力，从引力常数（G）在实用单位中的量就可以看出这一点：

$G = 6.67 \times 10^{-11}$ **牛顿·米^2/千克^2**

牛顿是力的一种科学单位，1牛顿约相当于0.102千克的物体受到的引力。

宇宙中的四种力

电磁力：保持原子不散开，是一切化学反应的基础。

强核力：将质子和中子约束在原子核中。这种力在裂变和聚变之类的核反应当中非常重要。

弱核力：决定放射性衰变，也就是说，决定原子核内部的阿尔法粒子和贝塔粒子的自发性发射。

引力：决定宇宙的大尺度结构，决定星系、恒星和行星的形成。

在宇宙的最初时刻，这四种已知的力相互分离，变得各个不同。

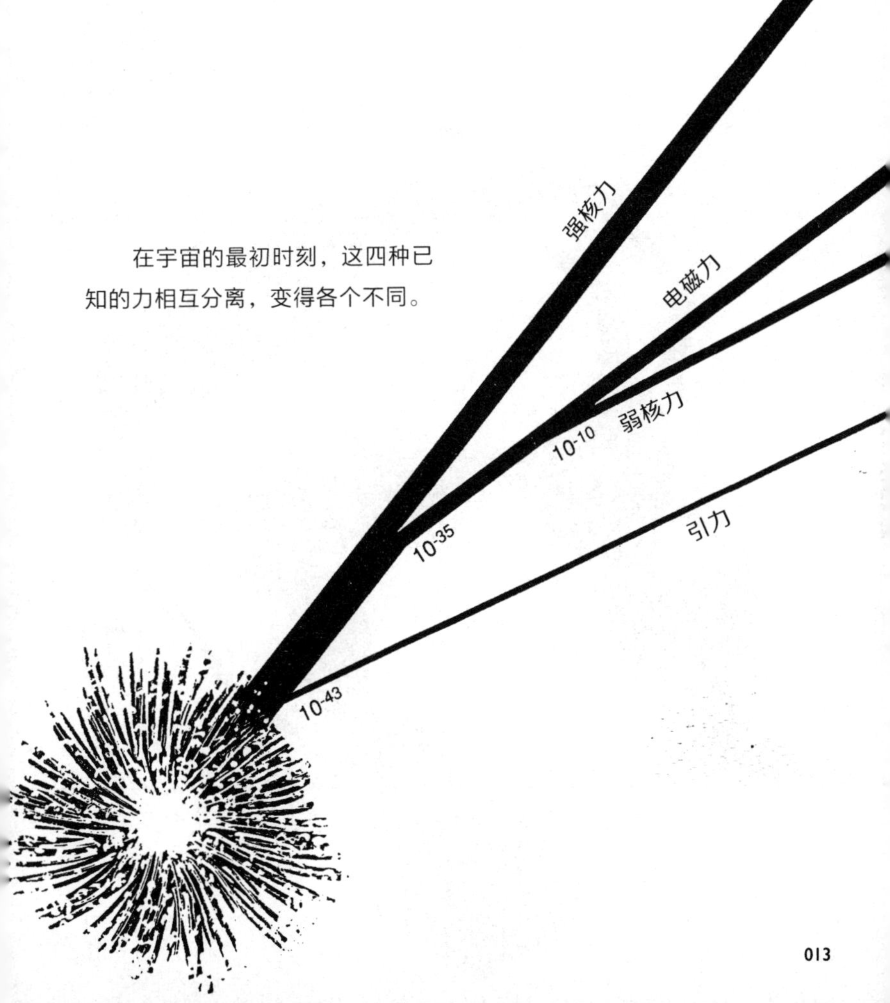

强核力

电磁力

10^{-10} 弱核力

引力

10^{-35}

10^{-43}

当两位相扑运动员（每人质量大约在 135 千克）在比赛中彼此接近时（例如相距 1 米），将他们**推向彼此**的力是极小的……只相当于拿起一张卫生纸所需要的牵引力的 1/10000！

$$F = \frac{6.67 \times 10^{-11} \times 135 \times 135}{1^2} = 0.000012 \text{ 牛顿}$$

但是，将他们各自**拉向地面**的力就比较大了。这是因为将每个人**向下**吸引的物体是地球，其质量 5.98×10^{24} 千克必须被放在牛顿方程的分子中。地球的半径 6.37×10^{6} 米则放入分母中。你可以用电子计算器自己算算看。

F=1324 牛顿（相扑运动员的重量）

《自然哲学的数学原理》：牛顿的宇宙

牛顿主要关心的是太阳和行星之间的引力，即太阳系的引力。他发表其引力理论——《自然哲学的数学原理》（简称《原理》）——的直接动力来自 1684 年在皇家学会进行的一场讨论，参与者包括天文学家爱德蒙·哈雷（Edmond Halley，1656—1742）、建筑师克里斯多弗·雷恩爵士（Sir Christopher Wren，1632—1723）以及牛顿的主要对手罗伯特·胡克（Robert Hooke，1635—1703）。

* 译者注：这里指的是圣保罗大教堂，由文中提到的克里斯多弗·雷恩爵士设计。

哈雷懊恼地返回伦敦,不过 3 个月之后,他收到了一份用拉丁文撰写的 9 页手稿——*De Motu Corporum*,即《论物体在轨道上的运动》。在这份手稿中,牛顿按照其引力定律和运动定律描述了行星的椭圆形轨道。这就是他那举世闻名的**《原理》**(1687 年出版)的前身,《原理》对其观点提出了完备的数学描述。

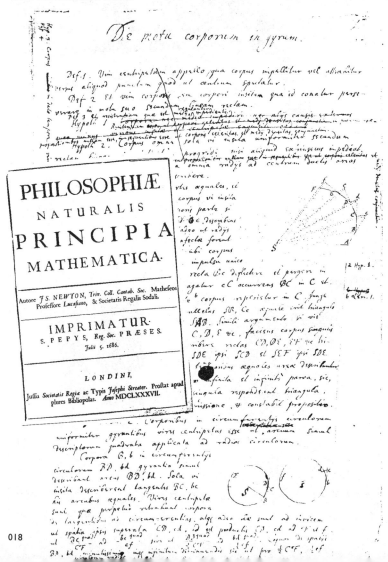

牛顿与霍金

媒体经常将霍金与牛顿和爱因斯坦等著名物理学家相提并论,而与其他科学家,特别是科学史家则较为疏离。再没有哪一个人像牛顿那样在自己的时代居于绝对支配地位,霍金也只是当今从事宇宙学前沿研究的一小群精英科学家中的一员。

不过,其中有些对比十分有趣。

牛顿的整个科学研究生涯都是在剑桥度过的,他的住所和实验室都在三一学院。霍金除了有几年去国外休假之外,自1962年读研究生以来也都在剑桥生活。

他们都尝试用引力理论来解释可观测的宇宙:牛顿使用自己的理论,霍金主要使用爱因斯坦的广义相对论。

两人在剑桥拥有同一个极为重要的职位:卢卡斯数学教授席位(Lucasian Chair of Mathematics)。

牛顿在《原理》中提出的引力理论具有广泛的应用范围，这一点非同寻常。该理论一经问世就取得了成功，被认为可以应用于太阳系中的一切运动，包括行星的运动以及月球和彗星的运动。它是如此精确，以至于人们用它发现了海王星，而当时的望远镜根本看不到这颗星。

不过还是有一个小问题。水星的轨道不太正确。但是，由于水星离太阳很近而且难以被看见，人们当时认为这个偏差是出于观测误差，而在17世纪和18世纪，每个人都会原谅这种偏差。木星、火星和土星的轨道则完全正确。人们对此并不以为意。

很多人都会惊讶地发现，在爱因斯坦之后大约半个世纪，把人送到月球并不需要对牛顿的理论进行任何修改。当美国航空航天局（NASA）的工程师于1969年在肯尼迪角研究火箭发射时，他们使用的就是**《原理》**。

差别是可以忽略的，除非是在非常接近某个大质量引力物体的地方进行测量。对于环绕太阳和行星的轨道来说，事实上，在整个太阳系的绝大部分，爱因斯坦的相对论效应都可以忽略，而牛顿的理论还是够用的。

质量概念

考虑一种减重的神奇方法：去月球旅行！当一个物体在太空船中被转运到月球时，其重量减少到大约原有重量的1/6！我们很容易说明这种失重：只需使用牛顿的引力公式，将一个物体在地球表面的重力（即其重量）与它在月球表面的重力进行比较。将这些数字代入方程式，我们就会看到这戏剧性的减重。不过要注意你是如何使用质量的。

宇航员的质量大约是60千克（由某个称重标准和标准质量决定）；**地球的质量**是 5.98×10^{24} 千克，**地球的半径**是 6.37×10^{6} 米。如果在牛顿的方程式中使用这些值，我们就会发现这个宇航员的重量是：

重量 = F = 590 牛顿

那么她在月球上会有多重呢？使用同样的方法，而这次**月球的质量**是 7.34×10^{22} 千克，**月球的半径**是 1.74×10^{6} 米。

重量 = 97 牛顿

就连相扑运动员也只有 222 牛顿重。

我只有地球上 1/6 的重量！

请记住……"牛顿"是用来衡量重量（weight）的，而"千克"是用来衡量质量（mass）的。

但是宇航员的**质量**在月球上并未改变。她并没有失去构成自己身体的任何**物质**。因此，她的外表和身型都不会受到引力场中变化的影响。

质量是一个棘手的概念。概念本身没什么问题。但是它不仅难以理解，而且直到爱因斯坦那里，它也还是极其模糊的。想想牛顿的万有引力定律中，一个物体中令其被另一个物体吸引的性质。

（引力质量）

$$F(力) = G \cdot \frac{m_1 m_2}{R^2}$$

然后再想想牛顿第二运动定律中那个令物体抵抗速度变化的性质。

$$F(力) = m \cdot a(加速度)$$

或者 $a(加速度) = \dfrac{F(力)}{m(惯性质量)}$

显然，惯性质量越大，特定的力所能产生的加速度就越小。**引力质量**（gravitational mass）和**惯性质量**（inertial mass）这两个量有什么差别吗？牛顿把我们弄糊涂了。

牛顿是物理学理论界的一位巨人。我很高兴站在他的肩膀上来看宇宙。但是我很担心质量……以及其他问题！

爱因斯坦：经典物理学的拯救者

清除经典物理学残留的不一致，这个任务就落在一个人身上——爱因斯坦。维多利亚时代那位伟大的物理学家已经做出了一个判断：剩下的都是小问题。但是，爱因斯坦却将牛顿物理学颠倒了过来。

我们不妨将牛顿的理论结构想象成一间纸牌屋。诚然，爱因斯坦只是从中抽出两张牌。这两张牌恰巧是这个结构的基础。

我抛弃了牛顿的普遍时间（universal time）和绝对空间（absolute space）概念。

……哎呀！

要做到这一点，我们必须假设，没有什么东西能够比**光速**（爱因斯坦说，人们观察到的光速总是不变的）更快。他将这项成果称为"**狭义相对论**"（Special Theory of Relativity）。

爱因斯坦最早发表的论文是关于电动力学的,涉及光信号和运动时钟。但是,他很快就开始担心引力问题,为引力的一个令人困惑的性质即**超距作用**(action at distance)所困扰。

按照牛顿的理论,如果太阳一下子消失了,那么它在地球上的引力场(远在几百万英里之外)也会一下子消失。然而,来自太阳的光按照其有限的速度,还需要继续传播8分钟才能到达地球。这让爱因斯坦感到很困惑。质量的概念也是一样。

惯性质量和引力质量为什么应该是一样的呢?

对爱因斯坦来说,这些概念都是长年困扰人们的悖论。他还是个年轻人的时候就已经知道,上帝之手就在**细节**当中。

发愁的爱因斯坦开始考虑，有没有可能用另一种方式来说明引力。也许它根本就不是一种力。既然自由落体运动并不依赖于物体的质量或构成（正如伽利略在 15 世纪就已经发现的），引力可能源于物体下落时所在**介质**（medium）具有的某些性质，即**空间**本身。

通过一系列极富创造性的、独特的步骤，爱因斯坦得出了一个判断：空间不是平的，而是**弯曲的**，局部弯曲是由质量在宇宙中的出现产生的。因此，在弯曲空间中运动的物体并不是沿着直线移动，而是**沿着弯曲空间**的等高线，按照抵抗力最小的路径移动。这些路径被称为"**测地线**"（geodesics）。

如果这是真的，那就不需要一种被**即刻**传输的、神秘的"重力"，也没有必要去解释那个奇怪的巧合，即惯性质量和引力质量是完全等同的。

爱因斯坦将经典物理学从上述不一致当中拯救出来，继续完成伽利略、牛顿、詹姆斯·克拉克·麦克斯韦（*James Clerk Maxwell*，1831—1879）所开创的任务。

爱因斯坦与霍金

在物理学领域，大多数伟大的成果都来自这样一些人：他们将不可思议的物理直觉与可靠的数学技能结合起来。前者比后者重要得多。

爱因斯坦不是一位纯数学家，霍金也不是。但他们都了解物理学研究所需要的数学，并用最有效的方式来表述自己的想法。

为了处理弯曲空间，爱因斯坦找上了他的朋友马塞尔·格罗斯曼（Marcel Grossman），要他教自己如何使用黎曼几何的技巧。霍金在20世纪60年代早期急于探究黑洞的秘密，为了学习用于处理奇点理论的新拓扑学方法，他把罗杰·彭罗斯问得筋疲力尽。

不过两人都能敏锐地发觉最有趣的问题。

爱因斯坦的弯曲空间观念还是可信的，但是还不清楚要如何量化这样一种新进路。于是他开始虚构很多著名的思想实验，就像他提出狭义相对论时一样。

他关于弯曲空间有一些大致的定性想法，它们将会构成一套方程，这些方程对某个给定质量的曲率提出了精确值。这一发展被认为是纯粹抽象思维的力量最有创造性的体现之一。

他将那个推动其研究展开的基本观点称为"**我生命中最幸福的想法**"。

爱因斯坦最幸福的想法

当我坐在波恩专利局办公室椅子上的时候（1907），我突然间有了一个想法："如果一个人自由地落下，那他就不会感觉到自己的重量。"我当时吓了一跳，这个简单的想法令我印象深刻。它推动我去寻找一套引力理论。那是我生命中最幸福的想法。

我认识到……对于一个从屋顶上自由落下的观察者来说，不存在——至少在他身边的环境中——引力场。如果一个正在下落的人丢下其他物体（例如伽利略的炮弹），那么这些物体相对于他来说仍然处于静止状态或匀速运动状态，不管它们具有何种特定的化学或物理性质。（当然，我们忽略了空气阻力的影响。）

因此，这位观察者有权将他的状态解释为静止状态或匀速运动状态……

他继续道……

由于这个观念，这个极其特殊的实验定律——在引力场中，所有物体都以同样的加速度下落（这是用另一种方式表达引力质量等同于惯性质量）——一下子就获得了一种深刻的物理含义。若存在某个单一的物体，其下落的方式不同于其他物体下落的方式，那么观察者就可以借助于该物体认识到，他处于一个引力场当中且正在其中下落。然而，如果这样一个物体并不存在——正如自伽利略1590年实验开始经验就已经极为精确地表明的那样——那么这个观察者就缺乏任何客观的手段来认识到自己是在某个引力场中下落。他有权将自身的状态视为静止状态，认为自身所处的环境摆脱了引力。因此，自由下落的加速度并不依赖于相关材料的本性，而这个事实有力地证明了下面这一点：相对性假设可以扩展到处于**非匀速**运动的坐标系。

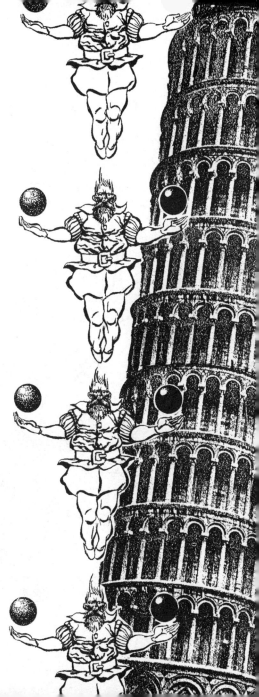

爱因斯坦的想法——自由下落的人感觉不到自己的重量——看起来相当简单。但是他以此为起点努力取得了每一个可能获得的洞见，同时消除了牛顿理论中所有的不一致，而这些不一致是直觉和物理规律可允许的。他将**"在空间中下落的人"这个简单图景转变为一间不存在引力的小实验室**。

这样他就可以仅仅通过用模拟的加速运动取代引力场，来分析引力对某些现象的影响，比如说一束光的弯曲或时钟变慢。

仅仅通过思考一个人从柏林屋顶上跳下来（故事大概就是这样），爱因斯坦就能用加速度来取代引力，并发现其**等效性原理**（principle of equivalence）。

爱因斯坦现在可以使用引力的相对性原理——物理定律不应该依赖于任何特定的参照框架——来检验其空间弯曲的新定律。他也有一个起点，即等效性原理（引力等于加速度）。此外，他还有一点更有用的信息，这一次是实验信息。

水星的近日点：从问题到解决

回想一下，在牛顿的时代，即使水星在每一轮公转后并没有回到同一个起点，科学家也并不担心水星椭圆形轨道的偏差。到了爱因斯坦的时代，天文学家可就不只是担心了，他们需要一个解释。人们已经仔细地测量出这个偏差是每世纪 43 弧秒，而且不会消失。爱因斯坦现在可以利用近日点结果来检验其曲率定律。["近日点"（perihelion）这个词来自古希腊词语 "peri" 和 "helios"，前者的意思是 "接近"，后者的意思是 "太阳"。]

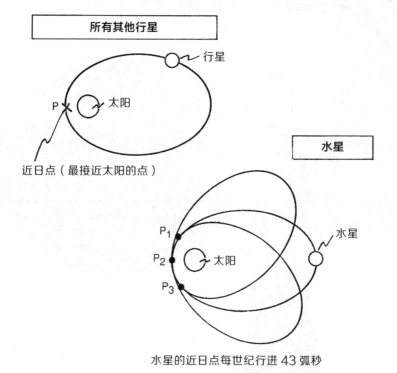

水星的近日点每世纪行进 43 弧秒

发现正确的方程

爱因斯坦使用了三个"P"（即三条原理）来检验其方程……

相对性原理
水星的近日点原理
等效性原理

他继续提出各种方程（精疲力竭并试图不受第一次世界大战的干扰）……

> 直到我的方程最终……

1. 得出了对水星近日点变化的正确预测；
2. 合并了等效性原理；
3. 遵守相对性原理，也就是说，在用他所能想象到的每一个参照系来表示时，这些方程都具有同样的形式。

这些最新的方程也得出了一个预测,即星光在太阳的边缘附近经过时,有 1.7 弧秒的偏向。它们也把爱因斯坦之前对引力时间膨胀即时间弯曲的预言包括在内了。

1915 年 11 月 25 日,爱因斯坦向普鲁士科学院提交了关于弯曲空间和弯曲时间的广义相对论定律的最终版本。

然后他坐下来,给他的密友、荷兰物理学家保罗·埃伦费斯特(Paul Ehrenfest,1880—1933)写了一封信。

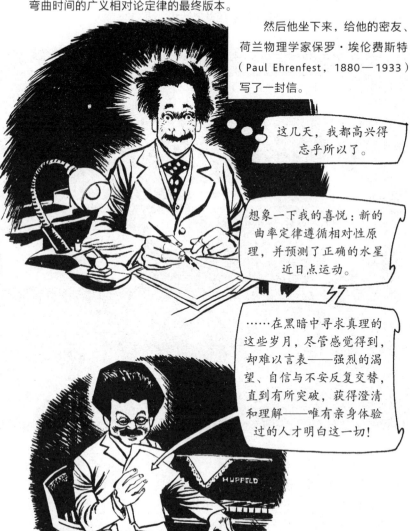

这几天,我都高兴得忘乎所以了。

想象一下我的喜悦:新的曲率定律遵循相对性原理,并预测了正确的水星近日点运动。

……在黑暗中寻求真理的这些岁月,尽管感觉得到,却难以言表——强烈的渴望、自信与不安反复交替,直到有所突破,获得澄清和理解——唯有亲身体验过的人才明白这一切!

场方程——它们意味着什么？

这位 36 岁的教授提出了一套数学方程，它们给出了空间曲率和宇宙中物质分布之间的详细关系。爱因斯坦发现，物质决定空间**如何弯曲**，空间决定物质**如何运动**——这是一种描述引力的全新方式。**没有任何力。** 为了在这两种引力图景之间跳转，就需要跳跃式思维。

爱因斯坦的宇宙常数（lambda/ 拉姆达）

度规张量（Metric tensor）

质量密度或能量-动量张量（曲率的根源）

这些奇妙的方程中包含着对水星近日点的变化、星光弯曲的程度以及引力波存在的说明，包含着关于时空奇点的信息、对中子星和黑洞形成的描述，甚至包含着对宇宙膨胀的预测。

这是好消息。

坏消息是：数学太难了。有 10 个联立方程带有 20 个未知量。它们几乎是不可解的，除了以下情况：对称性或能量方面的考虑将它们化约为更简单的形式。

如果我们忽略宇宙常数拉姆达（反正它也不属于这里），并考虑动量张量在其中为零的自由空间，那么这些方程就可以非常简单地写为……

这被称为"真空解"（vacuum solution）。

爱因斯坦在 20 世纪 20 年代关于这个理论所做的讲座有一张著名的照片，这让这种形式变得众所周知。看起来挺容易！

视觉化弯曲空间:橡胶板模型

与电磁学之类的其他场论相比,爱因斯坦的引力理论极不寻常,因为对运动的描述(即物体如何运动)已经成为场方程的一个内在要素(时空如何变得弯曲)。借助于一个简单的模型就可以理解这一点,这个模型可以被称为"橡胶板模型"。

设想一张台球桌,上面是铺着毛毡的石板,用一张拉紧的、具有高度伸缩性的薄橡胶板来取代那张毛毡。如果一个轻的物体(例如一个乒乓球)滚过那张橡胶板,那么它多少会做直线运动。这模拟了**平坦的**空间,而乒乓球的路径就对应于狭义相对论的直线运动。

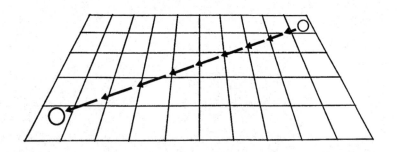

现在把一个较重的球放在橡胶板中央,重球导致橡胶板中心发生凹陷而变得弯曲。这个模型现在模拟了接近中心质量的空间曲率,就像广义相对论所描述的那样。

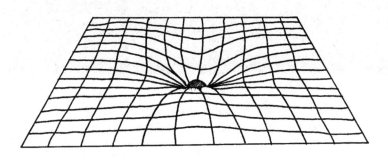

（除了直线以外）最简单的情形是，凹陷正好捕获了那个运动物体而产生一个圆形轨道。请注意：这种情形的发生并不像牛顿的理论图景所描述的那样，需要某个 / 一个**向心力**以将物体保持在轨道上。

该物体想要做直线运动，不过空间是弯曲的，因此它就在一个环绕中心的圆上运动。它只是在弯曲空间中、沿着阻力最小的路径运动。这就是广义相对论关于行星如何被捕获在绕日轨道上所做的描述。

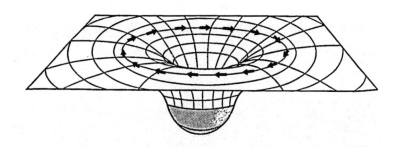

如果该物体是在一条直接指向圆心的路径上运动，那它就会直接落入凹陷并加速进入吸引中心。这是对流星撞向太阳或地球的表达。

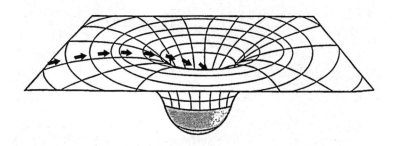

有了这样的图解，现在我们就可以将牛顿和爱因斯坦之间明确而彻底的根本差异加以视觉化。爱因斯坦已经用**弯曲空间**取代了牛顿的**万有引力**。

这套新理论在发布之际就遭到了怀疑。很多人不希望看到牛顿力学系统被抛弃。这些怀疑论者需要更多的证据。

星光的弯曲：1919年5月29日的日食

4年后，科学界等到了见分晓的时刻。爱因斯坦在最初那篇文章中提出，星光在日食期间会发生弯曲，这可以用来检验其理论——正好在太阳边缘通过的星光将偏离其真实位置1.7弧秒。这是对该理论的第一次真实检验。

1919年5月29日会有日全食，恰好位于毕星团（Hyades）一个明亮星场的中心。对于这样一个实验来说，这些都是最不寻常也最理想的条件。

英国天文学家**亚瑟·斯坦利·爱丁顿**（Arthur Stanley Eddington，1882—1944）带领一支探险队去非洲西海岸附近的普林西比岛拍摄日全食。

爱丁顿发现，几千年前就已经离开恒星表面的光线，就在8分钟之前被太阳附近的弯曲空间所弯折，它们穿过镜头，显示在照相底片上，刚好就是爱因斯坦所预测的位置。科学史上最非凡的实验之一完成了。

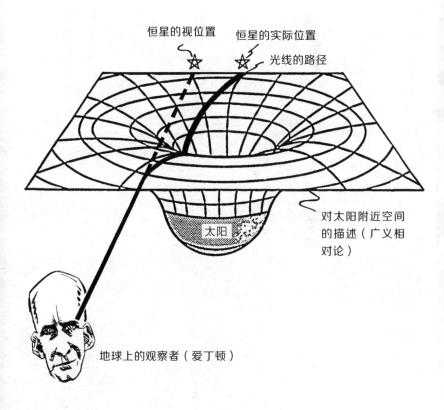

对恒星移位的二维橡胶板描述使之看起来非常简单。

1919 年 11 月 6 日，这位皇家天文学会会员在皇家学会的会议上介绍了这次日食探索的结果，爱因斯坦一夜之间变成了国际英雄。《纽约时报》的头条新闻写道，我们已经发现了一个新宇宙……这一次，媒体炒作并非夸张。

一个对战争感到厌倦的世界欣然接受了这位安静又古怪的科学家，他坐在柏林的研究室里，手里拿着纸和笔，他已经算出了全能的神为整个宇宙制定的宏图。

很多批评者认为，这些结果并不是结论性的，星体测量出错的可能性很大……因此怀疑的态度仍在延续。

解爱因斯坦方程：霍金的起始材料

在爱因斯坦发表相对论和第二次世界大战全面爆发之间的25年里，场方程已经得出几个解，它们对于霍金的研究具有根本的重要性。

一个值得注意的事实是：所有这些结果在发表时都遭到了忽视或嘲笑；尤其是遭到该理论的发明者**爱因斯坦**本人的忽视或嘲笑。

第一个解几乎立即就出现了。

1）史瓦西几何学

1915年，即爱因斯坦发表相对论的同一年，德国数学家卡尔·史瓦西（Karl Schwarzschild，1873—1916）给爱因斯坦寄去一篇文章。史瓦西用优雅的数学分析，从用于任意球体（例如恒星）的场方程得出了一个精确的解。这个解让爱因斯坦十分迷惑，因为他本人只能对自己的方程得出一个近似解，并且认为永远无法找到一个精确的解。

史瓦西的解决方案是一项很大的成就，因为这10个联立方程将20个量联系起来，会产生几百个项，解出这组方程需要很复杂的技巧。这些方程不是简单的代数方程，而是二阶非线性偏微分方程——堪称所有物理学研究生痛苦的根源。

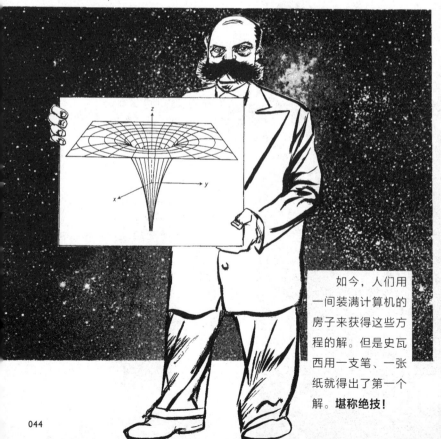

如今，人们用一间装满计算机的房子来获得这些方程的解。但是史瓦西用一支笔、一张纸就得出了第一个解。**堪称绝技！**

至关重要的半径

史瓦西的数学分析表明,一个具有任意质量的物体附近的空间曲率,是如何随着距该物体中心距离的变化而发生变化的,也就是说,是如何沿着**径向线**(radial line)发生变化的。

他的计算结果产生了一种非常奇怪的几何学。仿佛存在着一个临界点,那里的曲率是如此之强,以至于物质都无法逃脱。这个临界点现在被称为"**史瓦西半径**"(Schwarzschild Radius),它只依赖于物体的质量 M。(G 是引力常量,c 是光速):

$$R(\text{史瓦西半径}) = \frac{2GM}{c^2}$$

这个临界点并没有立刻得到关注,因为恒星和行星的内部无论如何都是无法研究的。但是,如果存在着满足这个方程的恒星或行星,会发生什么?对此人们有一个推测:万有引力是如此之大,以至于物体会无限坍缩,**没有什么东西**能够抵抗那种极端的空间曲率所引起的自引力。所有物质都会被压缩到一个奇点——一个处于中心的单一的点。

像地球这样大的行星将不得不被压缩到荒谬的程度——被压缩到只有一粒豌豆那么大,或者太阳被压缩到直径大约只有 3 千米。人们说,这也太可笑了。史瓦西的计算只是数学上的侥幸成功。不管怎样,没有谁会去思考它,尤其是爱因斯坦。

2）弗里德曼：膨胀宇宙

在史瓦西之后几年，爱因斯坦方程的另一个有争议的解出现了。1922年，俄国人亚历山大·弗里德曼（Alexander Friedmann，1888—1925）做了一个简化假定，即宇宙**均匀地**充满了一种稀薄的物质汤。（现代测量已经表明，不管恒星和星系是如何形成的，这个均匀性假设都相当合理。）

弗里德曼发现，广义相对论预测宇宙是不稳定的，最轻微的扰动都会引起宇宙膨胀或收缩。为了达到这个结果，他修正了爱因斯坦1917年论文中关于宇宙论的一个错误。（难怪爱因斯坦不喜欢**这个**预测。）

回想一下，爱因斯坦主要是为了"终止膨胀"，才把一个人为的项（**拉姆达**，宇宙常数）引入他的场方程当中的。那个时候，天文学家告诉他宇宙是静态的，因此他想确保自己的理论与观察结果相一致。后来，他把这个"宇宙常数"称为他一生中最大的错误。

弗里德曼从场方程中去掉了**拉姆达**，得到了一个**膨胀宇宙**（expanding universe），那当然是爱因斯坦所不喜欢的。这是他所嘲笑的对其方程的另一个解。

通过考虑按照一个比率 Ω（omega/ 欧米茄）对宇宙质量得出的三个不同的值，我们就可以总结弗里德曼对宇宙膨胀所做的预测。

■ **宇宙的质量密度大于临界值**

在这种情况下，膨胀率足够低，宇宙的质量足够大，因此引力就可以阻止膨胀并将它颠倒过来。大收缩最终会在宇宙里所有物质上发生，宇宙被拉回到一个单一的点。$\Omega > 1$（大于）

■ **宇宙的质量密度小于临界值**

宇宙膨胀得快得多。引力无法阻止它，但的确以某种方式降低了膨胀率。$\Omega < 1$（小于）

■ **宇宙的质量密度等于临界值**

宇宙足够快地膨胀，但并不坍缩。星系彼此远离的速度逐渐衰减，但是星系总是越离越远。$\Omega = 1$（等于）

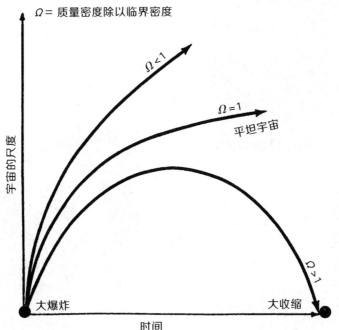

大爆炸的先驱：勒梅特的最初目标

比利时宇宙学家**阿贝·勒梅特**（Abbé Georges Lemaître，1894—1966）首先使用弗里德曼式的解来构造一个宇宙起源模型，他将这个模型称为"原始原子"或"宇宙蛋"。

勒梅特很有远见。他不仅预料到通过寻找星系的光谱红移就可以确认宇宙膨胀，甚至还暗示说，来自原始原子的残余辐射可能是可检测的。这两个观点在20世纪最后10年主导了当代的大爆炸宇宙学。

是啊，要是他们不对，那我就对了！

1929年以前，在加州威尔逊山天文台，天文学家**爱德文·哈勃**（Edwin Hubble，1889—1953）已经使用2500毫米口径的胡克望远镜发现了星系，并确认宇宙**正在膨胀**。但是他对爱因斯坦的理论或勒梅特的宇宙学都一无所知。

最终，在1931年，勒梅特在加州理工学院截住爱因斯坦和哈勃，组织了一个关于其宇宙模型的研讨会。

3)奥本海默:论连续的引力坍缩,1939 年

爱因斯坦方程的第三个解对于现代宇宙学和霍金来说都很重要,它是由美国物理学家 J. 罗伯特·奥本海默(J. Robert Oppenheimer,1904—1967)以及他的一位学生哈特兰·斯奈德(Hartland Snyder)在 1939 年发表的。他们开始研究史瓦西几何学的问题,尽管史瓦西受到了爱因斯坦、爱丁顿以及几乎所有人的批评。这篇文章发表在《物理评论》上,标题为"论连续的引力坍缩"(On Continued Gravitational Collapse)。

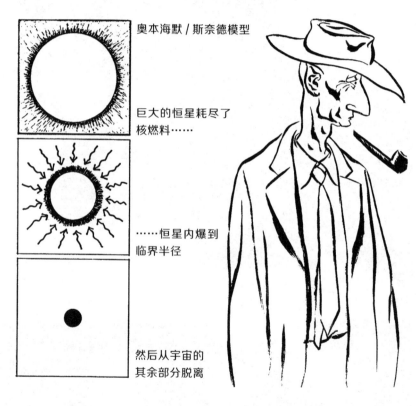

奥本海默/斯奈德模型

巨大的恒星耗尽了核燃料……

……恒星内爆到临界半径

然后从宇宙的其余部分脱离

恒星最终可能燃尽,在引力收缩下开始坍缩。在一个正在收缩的球形恒星的理想化模型中,可能发生一种挤压现象,它可以把恒星带到临界半径 R_c。恒星一旦在临界点上坍缩,大规模的引力坍缩就会发生。

- 空间曲率将会很大，致使恒星表面发出的光线弯曲进入恒星内部，令外部观察者看不到发生了什么。
- 表面光线会无限红移，也就是说，光不会有能量。
- 一种单向的事件视界会形成，在那里，粒子、辐射等都能进入恒星，但没有什么东西能够散发出去。
- 一个时空奇点最终会形成，不是在临界半径上，而是在恒星中心。如果一个观察者偶然观测到正在坍缩的恒星表面，那么对他来说，所有这些物理现象都是连续的。

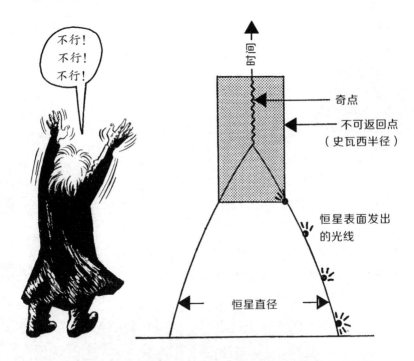

爱因斯坦又一次表示反对。他嘲笑奥本海默广为流传的研究结果。

他甚至拒绝承认相对论能够描述**并未**达到临界状态的坍缩恒星，即所谓的"中子星"，完全不顾加州理工学院那位古怪的弗里茨·茨维基（Fritz Zwicky，1898—1974）和莫斯科那位备受尊敬的列夫·朗道（Lev Landau，1908—1968）各自提出的预测。

1939年9月1日

■ 这天出版了一期《物理评论》,其中刊载了奥本海默(和斯奈德)那篇描述恒星引力坍缩的文章。

■ 同期刊物也刊载了另一篇文章,由尼尔斯·玻尔(Neils Bohr,1885—1962)和约翰·惠勒(John Wheeler,1911—2008)撰写,说明了核裂变(原子弹所使用的反应)的机制。

■ 同一天,希特勒的军队入侵波兰,引发了第二次世界大战全面爆发。

当德国人奥托·哈恩（Otto Hahn，1879—1968）和弗里茨·斯特拉斯曼（Fritz Strassman，1902—1980）发现核裂变的时候，西方的物理学家和政治家都很担心德国人会研发原子弹，从而将全世界变成纳粹帝国——利用核毁灭的威胁来进行统治的第三帝国。

我们很容易理解，为什么宇宙学方面的研究被推迟了。在如此严峻的政治危机下沉思物理宇宙的秘密，这是自由世界负担不起的奢侈品。

此外，广义相对论的发明者反对从他自己的方程中发展出极端的宇宙学预测，而史瓦西、弗里德曼和奥本海默正是这么做的。这项工作得以恢复，人们最终承认方程的这些解具有重要价值，都是20多年以后的事了。

1942年……故事的转折点

1942年,物理学家开始关注极富实践性的项目。奥本海默——早期宇宙学研究的主要人物之一,离开了伯克利那令人振奋的知识氛围,前往洛斯阿拉莫斯(Los Alamos)的不毛之地参与"曼哈顿计划"。1942年12月,意大利人恩里科·费米(Enrico Fermi,1901—1954)及其在芝加哥大学的研究团队完成了第一个受控核链反应。

同年1月8日,霍金在牛津出生。他的母亲为了躲避纳粹德国空军的夜间轰炸而刚刚搬离伦敦。

对行星坍缩的研究中断了20多年,这段时间足够霍金长大成人,在牛津完成本科学位,在剑桥入学攻读研究生。

爱因斯坦去世

1955年4月18日，爱因斯坦在普林斯顿去世，那是美国新泽西州一个小小的大学城。他的遗愿表示希望火化，这样就"不会有人去崇拜我的骨头"。然而，缺乏职业道德的医生做了不必要的尸检，并偷走了他的大脑和眼睛——这是对隐私的暗中侵犯。

爱因斯坦于1933年离开德国前往美国，同时也告别了他真正具有创造性的研究。在后来22年的生命里，他并未对源自广义相对论的重要的宇宙学问题做任何研究。多年以来，他盲目地坚持一项任务，即试图将广义相对论的场方程与麦克斯韦的电磁场方程统一起来，并忽视了量子力学。

在爱因斯坦的床边，人们发现了他的统一场论计算手稿。

奥本海默

另外两位生活在普林斯顿的物理学家对这位伟大科学家的离世表示了哀悼。奥本海默已经脱离了战时的研究项目,当时任普林斯顿高等研究院(爱因斯坦在那里拥有一个荣誉职位)的院长,而约翰·惠勒是普林斯顿大学的物理学教授。惠勒不久前刚完成氢弹研发的关键阶段,当时转而进行宇宙学的基础研究,对坍缩的恒星特别感兴趣。

约翰·惠勒

恰巧的是，在这个学术小共同体当中，这两位物理学家就在同一条街道两侧**相对**而居。他们对宇宙**和**美国政治生活都持有极为不同的观点，由此对于那些有争议的问题也采取对立的立场，例如国家安全和核武器问题。不久，他们又会在广义相对论和恒星引力坍缩的问题上相互对峙。

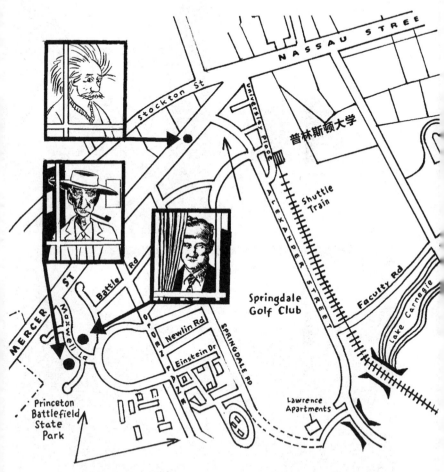

1958 年，也就是爱因斯坦去世 3 年之后，这两位物理学家都从普林斯顿出发，去参加在布鲁塞尔举行的一次国际会议，会议的主题是现代宇宙学。惠勒已经受邀就该领域的研究现状发表演讲。

几年后，爱德华·泰勒（Edward Teller）从加州利弗莫尔辐射实验室给惠勒打电话。

5年后，惠勒在达拉斯的一场特别会议上做了报告，这标志着类星体（quasar）的发现。"计算机模拟表明，一颗燃尽的恒星的坍缩极其类似于奥本海默和斯奈德所计算的、非常理想化的坍缩。"

对于一个外在观察者来说，坍缩减速并在临界半径被冻结。但是，对于一个随着恒星表面而运动的观察者来说，坍缩肯定是连续的，它通过临界半径毫无迟滞地向内发生。

奥本海默已经对恒星坍缩丧失了兴趣,惠勒对此感到很沮丧。奥本已经被长达数年的政治阴谋耗尽了——他曾主导"曼哈顿计划",处理广岛和长崎的悲剧性事件,曾被指控对国家不忠,不光彩地失去了他的安全许可。这位昔日的神童就像一颗燃尽的恒星,坍缩进入自己的世界,与宇宙的其余部分脱离开来。

但是对惠勒来说,物理学史开启了新的一页。"不管我们的研究结果如何,人们都会认为,最终在星体内爆中,我们有了这样一种条件,广义相对论在其中获得了显著的认可,而它与量子力学的剧烈融合将会最终达成。"

与此同时，也就是1962年，霍金来到了剑桥大学。在惠勒将广义相对论和量子力学结合起来的梦想中，霍金注定要迈出第一步。他当时已经察觉到身体的一些症状，而这场疾病将在10年之后令他坐上轮椅、20年后则会毁掉他说话的能力。

霍金的时代

剑桥大学应用数学与理论物理系（简称DAMTP）的访客会发现，目前的卢卡斯数学讲席教授斯蒂芬·霍金的一张大照片陈列在该系简朴的接待室里，照片旁边就是此前担任该职位的两位数学物理学巨匠的画像——牛顿爵士和保罗·狄拉克（Paul Dirac，1902—1984），后者以其在相对论量子力学方面的成果闻名于世。

霍金于1965年提交的博士论文原稿被收藏起来了，不过，在DAMTP一楼图书室里还有几百份副本——其中的大部分方程都是他自己手写的。这份手稿象征着现代宇宙学开始进入新纪元。

霍金从牛津来到剑桥,是为了跟随举世闻名的宇宙学家弗雷德·霍伊尔爵士从事研究。但是他失望了。

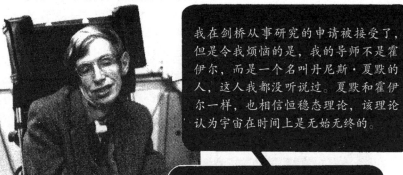

我在剑桥从事研究的申请被接受了,但是令我烦恼的是,我的导师不是霍伊尔,而是一个名叫丹尼斯·夏默的人,这人我都没听说过。夏默和霍伊尔一样,也相信恒稳态理论,该理论认为宇宙在时间上是无始无终的。

不过,最终的结果表明这是最好的安排。霍伊尔经常出国,我大概不会经常见到他。

而夏默一直在系里,他总是能激发我思考的兴趣,尽管我常常不同意他的想法。

在恒稳态宇宙理论的三位作者中,弗雷德·霍伊尔最为著名,另外两位则是来自纳粹时期的欧洲难民:赫尔曼·邦迪(Hermann Bondi)和托马斯·戈尔德(Thomas Gold)。

这种理论模型提出,物质是随着宇宙的膨胀而被连续地创造出来的。这完全不符合大爆炸的无限致密(infinitely dense)的初始状态概念。

在20世纪60年代早期,恒稳态模型可能比大爆炸理论更受天体物理学家和宇宙学家的欢迎。特别是霍伊尔,这个与恒稳态模型完全相反的模型在各个方面都令他不满。在1950年BBC的一档广播节目中,他首次将该模型称为"大爆炸"(Big Bang)——当然是在嘲笑对方,并因此而背上了不光彩的名声。

说宇宙是瞬间创造出来的,说得它好像是从生日蛋糕中跳出来的派对女孩。太可笑了,我称之为"大爆炸"。而我自己的恒稳态理论……

12 年之后，在一位名叫贾扬特·纳里卡（Jayant Narlikar）的研究生的协助下，霍伊尔仍然在 DAMTP 发展引力理论的各个方面，从而支持恒稳态模型。

霍金当时在剑桥刚待了几个月，他自己的研究困难重重，于是逐渐对纳里卡的计算产生兴趣，并且开始在后者的办公室里晃来晃去——这是秉承了 DAMTP 倡导自由研究、公开讨论和思想共享的精神。而霍伊尔对此一无所知。

霍伊尔分配给纳里卡的项目当中有一些困难，霍金越来越多地投入其中。

霍伊尔很擅长宣传，为了让自己的名字不断出现在报刊上、让研究经费源源不断地进来，他往往会在研究成果得到审阅和发表之前就公开介绍自己的想法。他在素有声望的皇家学会安排了一次演讲，讨论他在纳里卡的计算基础上提出的新想法。

霍金站起来，紧握手杖，房间里鸦雀无声。

　　房间里响起一阵窘迫的笑声,霍伊尔恼羞成怒。这是一次戏剧性的对抗,发生在一位举世闻名的宇宙学家和被他拒绝的学生之间。演讲很快就中止了。

霍金确实是对的：霍伊尔的方程得出的结果有偏差，而且必须放弃这种新方法。霍伊尔实际上是在一次公开讨论会上，让一位不知名的研究生"审阅"了他的成果。

后来，霍金写了一篇文章来总结自己所使用的数学方法，这使他成为一位很有前途的年轻研究者。

现在，我要做的就是确定论文选题了！

这是傲慢吗……抑或只是毫不掩饰的雄心？如果真是后者，那它显然实现了。斯蒂芬·威廉·霍金不再是一名**寂寂无名**的研究生了。

无私的论文导师

最终看来,丹尼斯·夏默才是尽心尽职的论文导师,他真正承袭了无私导师的传统,孜孜不倦地寻求各种方式来增加学生的阅历。

他拒绝加快霍金的博士研究计划,哪怕是受到来自霍金那位擅长说服人的父亲的压力。

夏默发展了一套指导研究生的独特方法。他不会在学生独立做的工作上挂名（他几乎从不联合发表论文），而全世界有很多教授都这么做。他甚至不为学生指定选题。

> 如果一个人想要从宇宙背景辐射来研究宇宙的大爆炸起源，那么，只有借助广义相对论，宇宙学才是可理解的。因此很自然，在20世纪60年代，当我在剑桥建立研究院，而学生看起来都具有足够的才能在上述艰深领域进行研究时，我就向他们建议了广义相对论。

夏默早年指导的学生几乎都在宇宙学领域取得了杰出的成就。

- 乔治·埃利斯（George Ellis），在南非担任物理学教授。（埃利斯与霍金合写了一本书**《时空的大尺度结构》**(*Large Scale Structure of Space Time*)，该书被看作是相对论宇宙学研究的圣经。这本书被题献给夏默。

- 马丁·里斯（Martin Rees），目前是剑桥大学天文学研究所所长。

- 布兰顿·卡特（Brandon Carter），目前是巴黎天文台的研究主任。

- 当然还有斯蒂芬·霍金，剑桥大学卢卡斯数学讲席教授。

夏默的重要活动之一就是安排学生参加重要的研讨会。他似乎总是知道前沿的发展方向。20世纪60年代中期，这支剑桥团队开始对一位年轻的应用数学家罗杰·彭罗斯的工作产生兴趣，彭罗斯那时在伦敦的伯克贝克学院任教。

彭罗斯从剑桥毕业之后在美国从事研究，这段时间里他已经着手发展**关于奇点理论**（singularity theory）的观点，这些观点与我们这支剑桥团队的研究十分契合。

尽管彭罗斯并不是我以前的学生，但在20世纪50年代晚期，我**的确吸**引了这位多产的数学家去研究宇宙学……

当时距离约翰·惠勒承认奥本海默的方程解和黑洞存在不过几年,夏默就开始与一些同事和学生分享自己的学术热情。彭罗斯当时已经是世界上顶级的数学家之一,在剑桥的一家咖啡馆里,他从夏默那里获得了一丝关于这些新奇事物的灵感。

彭罗斯很快就能表明，如果一颗恒星的坍缩超出了某个点，它就不能再膨胀（re-expand）。在广义相对论的框架内，这颗恒星将不可避免地变得无限致密，也就是说，它将在其中心形成某个**奇点**（singularity）。

很多人坚持认为，这颗恒星的物质将会"掠过自身"再次膨胀，但这**并不**正确。相反，一个时空奇点将会出现，在这个点上，时间会终止，物理定律会失效。这是第一个**奇点定理**（singularity theorem）。

物质在一颗坍缩的恒星内部"掠过自身"并再次膨胀。——"这不对。"彭罗斯说。

你需要知道：奇点是什么？

一般来说，奇点就是这样一个点：在这个点上无法界定一个数学函数的值。这个函数被认为发散到无穷大。

例如，在一个简单的代数方程 $Y=1/X$ 中有一个奇点，位于 X 值为 0 的地方。如果我们使得 X 的正值任意小，那么 Y 在垂直方向（或正方向）上就任意大。

然后，如果我们代入 X 任意小的负值，我们就会发现 Y 有一个任意大的负值。因此，对于在变量 X 上可以想象的最小变化来说，例如，从 +0.000001 到 -0.000001，Y 就从 +1000000 变到 -1000000。很明显，在 $X=0$ 时，有些地方就不对了。这就是一个数学奇点。

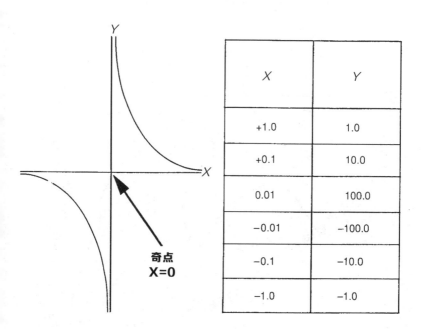

X	Y
+1.0	1.0
+0.1	10.0
0.01	100.0
-0.01	-100.0
-0.1	-10.0
-1.0	-1.0

在广义相对论中，一个奇点是一个时空区域，曲率在其中变得非常强，以至于广义相对论定律失效，量子引力定律则可能开始起作用。

如果我们尝试只用广义相对论来描述奇点，我们就会得到不正确的结果，主要是，曲率和潮汐引力在奇点上是无限的。量子引力可能用"量子泡沫"（quantum foam）来取代这些无穷大，并与广义相对论的定律相结合。

但是，这并不意味着奇点是无法研究的、接近奇点的物理学是无法理解的。在特定的条件下，某些奇点定理会得出重要的定性信息。例如，若在数学上细心处理，对一个真正的奇点存在的证明就可以是一个具有物理含义的结果。彭罗斯的奇点定理以及霍金后来提出的奇点定理都是如此。

在史瓦西对爱因斯坦场方程所给出的解中，临界半径并不是真正的奇点（尽管它最早被描述为"史瓦西奇点"）。物理过程在边界上是连续的，而数学坐标的简单变换消除了这种发散。

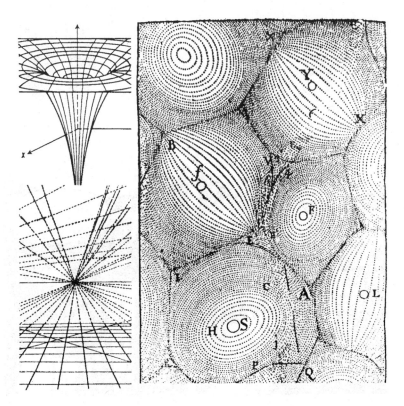

当彭罗斯宣告自己已经证明，**在恒星坍缩形成黑洞的时候，肯定存在着一个奇点**，夏默的那群学生正好在伦敦参加彭罗斯的研讨会。

霍金那天没有参加。但是消息立即就传到了他那里，给他留下了深刻印象。

今天的研讨会

罗杰·彭罗斯：奇点定理中的拓扑学方法

今天的研讨会

罗杰·彭罗斯：对黑洞奇点的证明

彭罗斯的结果非常有趣。我很想知道它们能否被用来理解宇宙的起源；将膨胀宇宙反过来理解为一颗坍缩的巨大恒星。

你的意思是说，通过颠倒时间的含义……

是的，也许同样的考虑也适用，就像适用于他有关恒星的定理一样。我会试着将他的结果运用到整个宇宙，看看会发生什么。

好吧，那想必很有趣。

霍金还有一年就结束研究生的学业了，而他才刚刚找到一个有挑战性的问题。为了改造彭罗斯的方法，他必须努力工作，学习其中所涉及的数学问题，将它作为论文的最后一章详细记录下来——这就是他为**宇宙起源**提出的第一个奇点定理。

霍金已经表明，如果广义相对论是正确的，那么在过去就必定已经有了一个奇点，它是时间之始。

1965 年，霍金通过论文考评，获得博士学位。当然还存在一些问题，比如无限宇宙和非无限宇宙，但是在接下来的几年里，他会发展新的技术来解决这些问题。

这个观点已经得到了普遍承认，如今每个人都假设宇宙开始于一次大爆炸——一个高度致密的、热的起始状态。这是霍金对大爆炸宇宙学的主要贡献，他也因此变得举世闻名。于是，到 1970 年，在获得博士学位 5 年后，斯蒂芬·霍金就成为一位国际知名的宇宙学家。

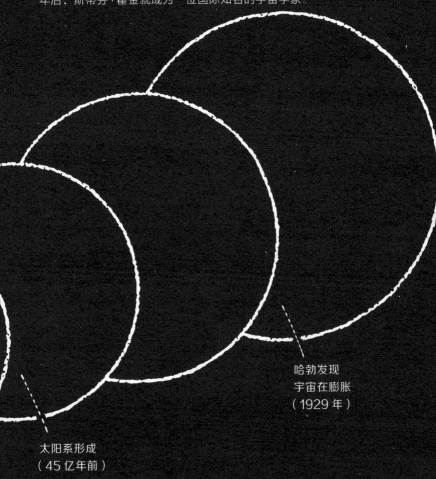

哈勃发现
宇宙在膨胀
（1929 年）

太阳系形成
（45 亿年前）

从研究生阶段开始,霍金就已经成为大爆炸模型的倡导者。他的博士论文(批评了霍伊尔的恒稳态模型)及其对大爆炸奇点的证明,将他的名字与大爆炸模型的成功永远联系在一起。

如果霍金在剑桥跟随霍伊尔做研究的申请得到通过,那么宇宙学近来的发展(至少自霍金以来的发展)会是怎样的?——做一个这样的设想会很有趣。

如今,霍伊尔和他 30 年前的学生纳里卡仍然在修补恒稳态模型。但这是一条死胡同。宇宙学的世界已经向前发展了。这方面最好的例子,或许就是《科学美国人》(Scientific American)里的一篇文章,发表于 1994 年 10 月出版的关于宇宙的特刊。文章提出,在下一个千禧年,大爆炸模型有望成为公认的理解宇宙的说明。

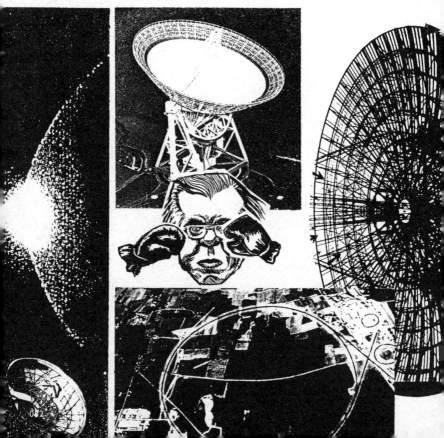

宇宙的演化

对宇宙演化的理解是20世纪科学的伟大成就之一。这项知识来自数十年的创新实验和理论。地面上和太空中的现代望远镜观测到来自银河系几十亿光年外的光线,它向我们显示了宇宙初期的样貌。粒子加速器探索了早期宇宙高能环境的基础物理。人造卫星发现了膨胀的早期阶段遗留下来的背景辐射,提供了我们所能观察到的最大尺度的宇宙形象。

我们对上述丰富资料的最佳说明就体现在一个理论中,这就是人们所说的标准宇宙学模型或大爆炸宇宙学。该理论的主要主张是,从大尺度的平均水平来看,宇宙正在以一种几乎均匀的方式、从某个致密的早期状态膨胀开来。

目前,大爆炸理论还没有遇到根本的挑战,尽管在该理论内部,肯定还有一些尚未解决的问题。例如,天文学家还不确定星系是如何形成的,但是没有理由认为这个过程并未发生在大爆炸的框架内。实际上,该理论的预测迄今为止已经通过了所有检验。(《科学美国人》1994年10月号)

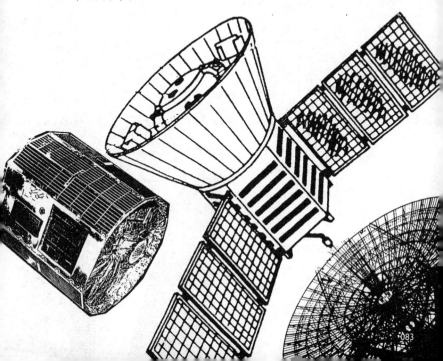

1965年：霍金的重要一年

1965年7月，霍金在剑桥三一学院小教堂迎娶了心上人简·怀尔德。虽然他已经有点跛行，越来越依靠手杖，但他拥有了博士学位、一位忠诚而聪慧的妻子，以及用来从事宇宙学研究的全新数学技能。他还接受了凯斯学院的研究员职位，继续进行他在 DAMTP 时的研究。他不再沮丧。

他脸上还是那副坚定而自信的表情，好像在说……我无所不能。没什么能够阻止他，哪怕是 ALS（肌萎缩性侧索硬化症）。

不可阻挡的心灵

早在牛津读本科的时候,霍金就展现了惊人的智力,在这方面有很多故事。

几位同学已经在一门主修课上花了好几个星期的时间,都耗在一本艰深教材当中的 13 道题目上了——教材是由 B.I. 布莱尼和 B. 布莱尼(Bleaney & Bleaney)撰写的《电磁学》(*Electricity and Magnetism*)。教师要求他们完成尽可能多的题目。大多数学生在指定时间里只做完了一两道题。霍金则一如既往地直到最后一天才去做题。他在房间里待了一个上午,然后出来说他只能完成前 **10** 道题!

在牛津,一位在统计物理学方面指导霍金研究的导师从一本霍金不喜欢的教材中给他指定了几道题。到了下一次辅导时间,霍金不仅交上了作业,还提交了自己在那本教材上标出的所有错误。这位导师很快就意识到,霍金对这门科目比他了解得都多。

到了期末,霍金清楚地感觉到 ALS 的影响,他在学校宿舍的楼梯上狠狠摔了一跤。结果他暂时失去了记忆,甚至想不起自己的名字。

朋友们询问了他好几个小时,最终他恢复了正常,但是很担心会造成永久性的脑部损伤。为了确定情况到底如何,他决定接受门萨高智商测试。他高兴地发现自己大获全胜,得分在 200 分至 250 分之间!

任何事物都无法阻挡霍金的心灵——哪怕是 ALS 这种致命的疾病。

60 年代革命

21 世纪的社会历史学家会不会将 20 世纪 60 年代描述为地球上重大的社会动荡和剧烈变化的时期,这是有待商榷的。

不过确定无疑的是,科学史家会把这个时期看作剧烈变化的时期,这种变化主要发生在我们对于宇宙的理解上。如今人们将这个时期称为相对论宇宙学的黄金岁月——**相对论宇宙学**(relativistic cosmology)就是那个时期的核心事件。

60 年代的弄潮儿——无论是披头士乐队还是伍德斯托克音乐节上的人群——已经成为人们熟知的时代偶像。同样,宇宙学革命也有自己的偶像,只不过他们多半不为公众所知。

20世纪60年代是观测天文学获得显著进展的时期。这主要归功于技术和仪器的重大进步。人们所观察到的各种不同寻常的现象都会产生新的天体模型,我们只能用"宇宙学革命"来描述它。这场革命的起点可以追溯到一次重要的会议,这次会议在20世纪的历史上留下了不可磨灭的印记——但是出于不同的理由。

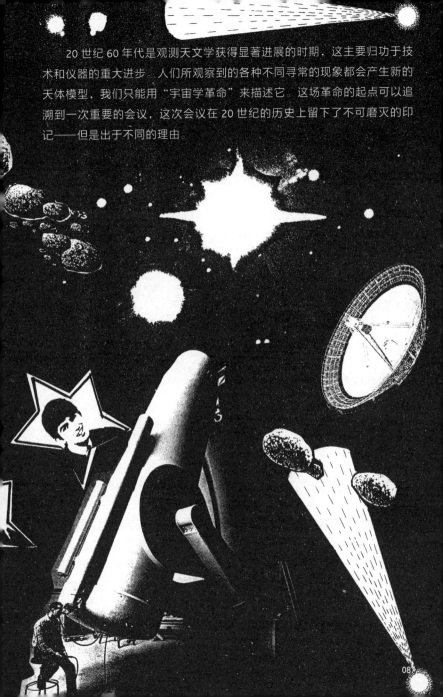

达拉斯，1963年

如果你去问50岁以上的人是否记得1963年的达拉斯，大多数人都会立即准确地说出自己当时在做什么——当年11月22日，约翰·F. 肯尼迪（John F. Kennedy）在达拉斯遭枪击身亡。

但是，其中一小部分人的回答可能会模棱两可。他们当然记得肯尼迪的悲剧性死亡。但是，对于由300位天文学家、天体物理学家、宇宙学家和相对论者组成的那个小群体来说，1963年的达拉斯还有另一重特殊的含义：他们都参加了**第一届得克萨斯相对论天体物理学专题研讨会**，这次会议标志着类星体的发现。研讨会于1963年12月16日至18日在达拉斯举行，就在肯尼迪遇刺三个星期之后。

相对论者都是一些奇奇怪怪的专家,他们的整个职业生涯都在努力求解爱因斯坦的方程,他们已经受到邀请,与真正的天文学家和天体物理学家进行对话。最终,在奥本海默和斯奈德那篇论述恒星坍缩的著名文章发表 25 年后,广义相对论被认为是对一种新的物理现象提出了一个可能的说明,而这种现象**实际上已经被从事实践工作的天文学家观测到了**。

引力坍缩恒星(不久就会被称为"黑洞")一度被认为可能正在产生巨大能量,而如果要解释我们所观测到的一种新的、令人激动的星体(即所谓的"类星体"),这种巨大的能量是必要的。

托马斯·戈尔德,恒稳态宇宙理论的发展者之一,在达拉斯研讨会上做了一场餐后演说。

> 类星体的发现令我们有理由认为,相对论者及其复杂的工作不只是华丽的文化装饰,而且可能对于科学来说实际上是有用的!
>
> 每个人都很高兴:
> **相对论者**觉得自己得到了认可,成了某个领域的专家——尽管他们之前几乎都不知道还存在这样的领域;
> **天体物理学家**则通过合并另一个学科(即广义相对论)而拓展了自己的研究版图。
> 一切都很令人愉快,所以我们希望这条路是对的。

第一届
得克萨斯相对论
天体物理学
专题研讨会

后来的事实确实表明这条路是对的，30年后霍金谦逊地承认了这一点。

> 最近30年来，广义相对论和宇宙学的地位已经发生了巨大变化。当我1962年在剑桥应用数学与理论物理系展开研究时，广义相对论被看成是一套漂亮却过分复杂的理论，与真实世界毫无关联。宇宙学被看作一门伪科学，在那里，狂热的猜测不为任何可能得到的观察所约束。

> 如今，宇宙学的地位完全不同，部分原因在于现代技术使得观测范围的极大拓展成为可能，不过同时也因为我们已经在理论方面取得了巨大的进步。

> 也正是在这个方面，我能宣称自己已经做出了一定的贡献。

但是，对类星体的观测要求全新的观测技术。因此，在描述令人激动的类星体之前，我们最好来看一些**你需要知道的东西**。

你需要知道：电磁波谱

"电磁波谱"听起来非常专业，因为这两个词很少在物理科学之外使用。第一个词"电磁"（electromagnetic）的意思就是，我们将要谈论的波（光、无线电、红外线）都是由振动的电磁场构成的。第二个词"波谱"（spectrum）指的是波的尺度范围，即它们的波长。

电磁波谱指的是自然界中存在的一切可能的辐射波长。不同尺度的波具有不同的性质，产生于不同的物理过程。不仅如此，它们必须由完全不同的仪器来检测。来自恒星和星系的不可见的辐射（除了可见波段或者光波段之外）提供了有用的信息，尽管它是裸眼看不见的。

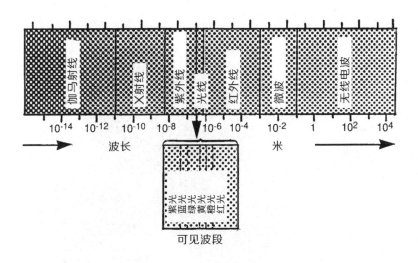

波长涵盖了从伽马射线（小于原子之间的距离）到无线电波（长度有几千米）的一系列广泛的值。波都以与光同样的速度传播，在波长、波源发射波的频率和传输速度之间，有一个值得注意的简单联系：

波长 x 频率 = 光速

在 20 世纪 60 年代之前，观测天文学仅仅是指光学天文学（或可见天文学）——通过由玻璃透镜或反射镜构成的望远镜来观看，用眼睛或极其灵敏的照相机来观察。特殊胶片的确将测量范围拓展到不可见的红外波段，它的波长比可见光更长。

但是，在 50 年代后期和 60 年代，观测天文学家就可以检测到几乎**全部**电磁波段了，这样一来，我们现在就有了**射电**天文学、**微波**天文学、**红外**天文学、**光学**天文学、**紫外**天文学、**X 射线**天文学甚至**伽马射线**天文学。

60 年代的伟大发现是由于我们的观察拓展到了可见范围之外，特别是拓展到具有更长波长的微波和射电波段（radio band）。**类星体**和**脉冲星**（pulsars）都是在**射频波段** (radio frequency band) 发现的，**宇宙背景辐射**则是在**微波波段**探测到的。在 70 年代，处于波谱另一端的 X 射线天文学，从对天鹅座 X-1 的观测中获得了黑洞存在的第一个证据。

我的电磁理论在 1867 年就预言了所有这些波的存在。

詹姆斯·克拉克·麦克斯韦……剑桥的另一个家伙。

1963 年：类星体

从 1960 年到 1962 年，射电天文学家和光学天文学家进行的谨慎观测表明：天空中存在半打以上的明亮天体，它们很小，无法成为恒星，却具有一种诡异的光谱——这与此前看到的任何恒星都不同。

每个人都感到困惑，直到 1963 年 2 月 5 日，加州理工学院的天文学家马尔滕·施密特（Maarten Schmidt）和杰西·格林斯坦（Jesse Greenstein）有了一个新发现。

测量表明，这些准星体（后来被命名为"类星体"）以巨大的速度离开地球，因此必定非常非常遥远。

得出这个结论的方法，和我在30年代发现宇宙膨胀所用的方法相同。

它们起初被认为是银河系中的恒星，但是发现者很快就论证说，这些星体是因为宇宙的膨胀而离开地球的。从计算出来的巨大距离来看，它们的亮度意味着，它们所发射的能量比**我们见过最耀眼的星系**还要强100倍。

类星体：光在点 A 离开某个类星体，几十亿年后，它到了点 B，但仍未到达银河系；当这道光最终在点 C 到达我们这里，我们探测到它是从点 A 发出的。

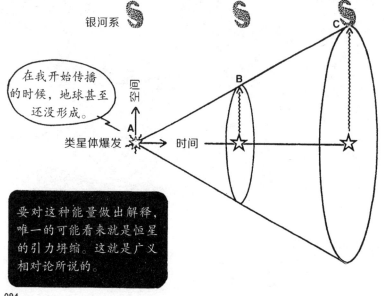

在我开始传播的时候，地球甚至还没形成。

要对这种能量做出解释，唯一的可能看来就是恒星的引力坍缩。这就是广义相对论所说的。

1965年：宇宙背景辐射

1965年，科学家偶然发现了来自外太空的神秘微波，这次发现后来就成为第一个实验证据，表明大爆炸模型可能是正确的。而在此之前，人们还把大爆炸模型当作笑话。事情是这样的……

1927年，勒梅特将宇宙描述为一个原始原子（"宇宙蛋"），这个说法使得某些宇宙学家将早期宇宙描述为一团热的、致密的、迅速演化的等离子体。在这些理论家当中，有一位更富有想象力、思想自由的俄国移民——乔治·伽莫夫（George Gamow），他仔细考虑了这团等离子体在宇宙膨胀中逐渐冷却导致的结果。

然后他就提出了科学史上最重要的预测之一。

如今，宇宙当中可能充满了某种**宇宙背景辐射**，这种辐射是由大爆炸释放的古老光子构成的。

我纠正了最初计算当中的某些错误，结果表明，这种辐射的温度如今应该是在绝对零度之上大约5度。

伽莫夫的两位同事——拉尔夫·阿尔弗（Ralph Alpher）和罗伯特·赫尔曼（Robert Herman）——其实预测过，这种辐射仍然可以被检测到。

所有热体（也就是任何具有温度的物体）都会发出被称为"热辐射"的连续电磁波，**即使**温度只是比绝对零度高 5 度。问题是我们如何测量这种辐射——要寻找哪个波段。为了理解这个部分，确实需要补充一点必需的知识！

你需要知道：热辐射

热辐射的基本物理知识很简单，尽管为了解释细节，它确实依赖于普朗克（Max Plank）在 1900 年提出的一个激进的假设（这个假设开启了量子理论）。普朗克的理论表明，辐射能量（电磁波）的相对发射率如何取决于不同温度下的波长。他的理论曲线表明，辐射是散射的，而随着温度**下降**，峰值移向**更长的**波长。

- 在 800 摄氏度，所发射的辐射足够可见，呈现为炽热光，不过大多数所发射的能量处于红外波段。
- 在 300 摄氏度，所有发射出来的能量实际上都是由比红光更长的波携带的，被称为"红外线"。所发射的辐射都不在可见波段。
- 在绝对零度之上 5 度（即 –268 摄氏度），辐射完全处在红外线外的微波波段，而为了进行测量，我们就需要使用特殊的微波接收器。

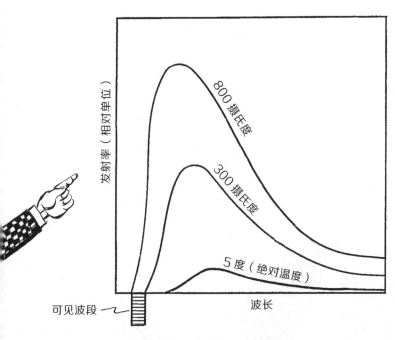

既然这条曲线的形态完全是由发射体的温度决定的,那么从对不同波长的测量值中,我们可以推算出发射辐射的物体的温度。反过来说,如果发射体的温度是已知的,那么通过理论公式就可以预测辐射的形态和分布。

记住这个信息。

这点简单的物理知识对于我们了解来自宇宙背景和黑洞的辐射来说十分关键。

回到伽莫夫的预言,在绝对零度之上 5 度的**热辐射分布理论曲线**表明,峰值辐射应该处于电磁波谱的**微波**波段。

当其他研究小组正在设计实验来寻找伽莫夫所说的微波时,两位研究者偶然发现了微波,他们就是新泽西州北部贝尔电话实验室的阿诺·彭齐亚斯(Arno Penzias)和罗伯特·威尔逊(Robert Wilson)。

宇宙的历史

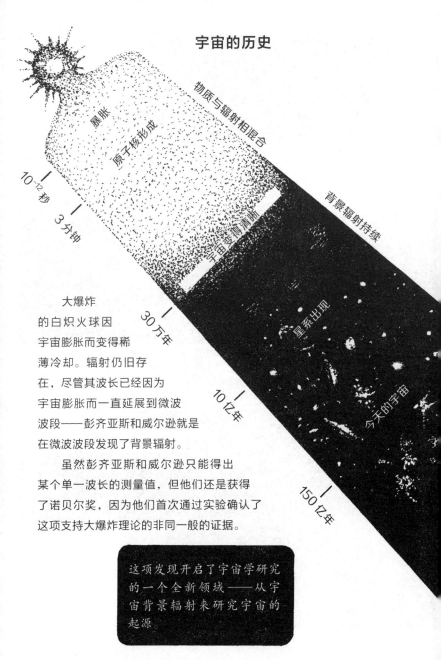

大爆炸的白炽火球因宇宙膨胀而变得稀薄冷却。辐射仍旧存在，尽管其波长已经因为宇宙膨胀而一直延展到微波波段——彭齐亚斯和威尔逊就是在微波波段发现了背景辐射。

虽然彭齐亚斯和威尔逊只能得出某个单一波长的测量值，但他们还是获得了诺贝尔奖，因为他们首次通过实验确认了这项支持大爆炸理论的非同一般的证据。

> 这项发现开启了宇宙学研究的一个全新领域——从宇宙背景辐射来研究宇宙的起源。

1965年对于微波背景的发现排除了恒稳态理论，并表明宇宙在过去某段时间必定非常热、非常致密。但是这些观察本身并未排除一种可能性，即宇宙是在某个密度相当大、但并非极端大的状态下反弹的。

理论上说，彭罗斯和我证明的奇点定理排除了这一点。我们发表了**《引力坍缩的奇异性和宇宙学》**这篇文章，其中，一个通用的奇点定理表明，古典的时间概念必定在过去、在奇点上有一个开端（即大爆炸）。这个定理也意味着，当恒星坍缩时，至少对于某个时空部分来说，时间会终止。

自那时以来，我的大部分工作都涉及这些结果的影响和含义。

射电天文学家又陆续发现了更多的射电星系（也就是那些主要在射电波段发射电磁波的星系）。

然后，在1967年，剑桥大学一位名叫乔瑟琳·贝尔（Jocelyn Bell）的研究生探测到来自其中一个星系的尖脉冲，波长3.7米且高度规律。剑桥大学的射电天文学家当时以为自己接触到了某种地外文明。

这些脉冲的宽度极窄。这意味着发射体肯定很小，因为一个很大的天体是不能发射短尖脉冲的。其不同部分发出的辐射的传播时间会抹掉信号。能够发射这种脉冲的必定是某种高度致密的东西；也就是一个大小不到几千千米、但处于一颗恒星距离的天体。

乔瑟琳·贝尔

当剑桥大学的射电天文学家宣布其结果时,应用数学与理论物理系的理论家夏默、霍金和里斯还在研讨会上沾沾自喜。

这无疑是另一项表明引力坍缩恒星和广义相对论的发现。

我去参加了那个宣布发现脉冲星的研讨会。房间里装饰着纸做的"小绿人"。第一批发现的四个脉冲星被称为"LGM 1—4","LGM"代表"小绿人"。

它们显然肯定是正在旋转的高致密天体,但是无法确定它们是不是天文学家已经知道的白矮星,也不确定是不是所谓的"中子星"……

比白矮星要致密得多,几乎处于黑洞的状态。

黑洞：惠勒给媒体提供了一个流行术语

随着 20 世纪 60 年代即将结束，人人都在谈论引力坍缩恒星。**部分**坍缩的恒星——白矮星和中子星——对天文学家来说已经司空见惯。但是惠勒感兴趣的是**完全**坍缩的**大质量恒星**。

它有一种神奇的效果。所有人立刻开始使用这个术语。现在就连专家也知道他们是在谈论同一个东西。在莫斯科、帕萨迪纳、普林斯顿以及剑桥，"黑洞"取代了"引力坍缩彻底的恒星"。

黑洞时代

媒体陷入了狂热。至少它们可以用两个简单的字（报纸专栏也很好排版）来概括这门崭新而复杂的物理学-天文学。作者们很容易就熟悉了这个新词儿，书店里按通俗科学和科幻小说分类上架相关书籍。电视上，《星际旅行》的太空船有了奇异的、全新的目的地。在晚餐会上，令科学家尴尬的事就是向朋友解释黑洞是什么。黑洞成了家喻户晓的词……但是人们真的知道它是什么吗？

恒星的诞生和死亡

当太空中飘浮的分子（多半是氢）相互之间的万有引力导致块状物形成时，恒星也就形成了。随着这些聚集体的合并，引力将分子越来越紧地挤压在一起，直到它们在高压下相互作用，从而导致温度升高。

这个过程继续下去，直到气体开始发热并产生不同波长的电磁辐射。随着压缩增加，相互作用也不断增强，直到辐射压力大到足以阻止进一步的引力收缩。

然后恒星就达到了某种动态平衡，闪闪发光几十亿年。

恒星如何坍缩形成白矮星、中子星和黑洞？

恒星的质量 = M（太阳质量单位；例如，如果恒星质量是太阳的 5 倍，那么 M=5）。

恒星燃尽所有燃料，氢转变为氦，辐射消失。

然后引力在无阻力的情况下开始再次收缩。

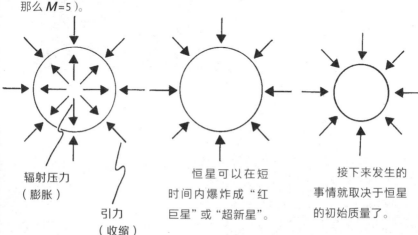

辐射压力（膨胀）

引力（收缩）

恒星可以在短时间内爆炸成"红巨星"或"超新星"。

接下来发生的事情就取决于恒星的初始质量了。

恒星在动态平衡中燃烧几十亿年，发出光和热。

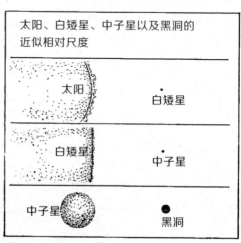

太阳、白矮星、中子星以及黑洞的近似相对尺度

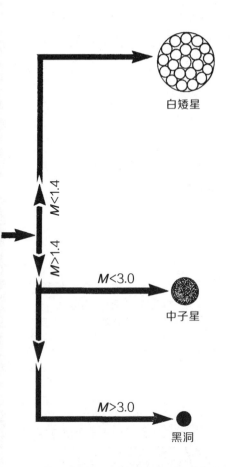

白矮星

（半径：2500千米）

如果 M 小于 1.4，那么恒星收缩，直到气体原子重叠。电子斥力大得足以阻止收缩。

中子星

（半径：16千米）

如果 M 大于 1.4，那么引力就会克服电子的强大抵抗，将它们压入原子核。电子与质子结合形成中子。如果 M 小于 3.0，那么中子间的斥力就会阻止收缩。

黑洞

如果 M 大于 3.0，那就无法阻止收缩。恒星完全坍缩，消失不见。黑洞形成。

有些白矮星的踪迹已被拍摄到，射电望远镜可以探测到旋转的中子星的光点。但是黑洞将永远无法被直接看到。

在黑洞的情形中，空间曲率是如此极端，以至于在某个特定的半径（被称为"事件视界"，event horizon），恒星表面发出的光朝内弯向自身，也就是说，光线实际上进入了恒星内部，而不是远离它。对于外部观察者来说，恒星从视野中消失了。

这些尺度逐渐减小的圆圈显示出，一颗质量巨大、燃烧殆尽的恒星，随着直径的减小，如何通过某个事件视界而形成黑洞，最终在自身中心变成奇点。

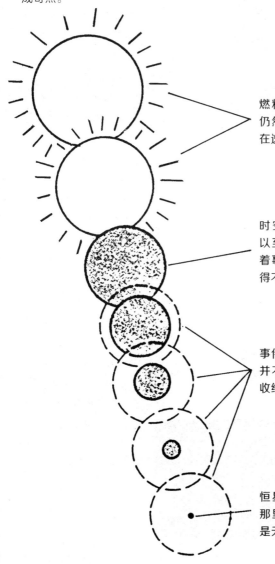

燃料燃尽，恒星收缩，但仍然是可见的，因为光正在逸出。

时空曲率变得如此之大，以至于光无法再逸出。随着**事件视界**形成，恒星变得不可见了。

事件视界，即黑洞的边界，并不随着恒星在内部持续收缩而变化。

恒星收缩到一个**奇点**，在那里，密度和空间曲率都是无限大的。

下面的图解用三维图表（包括了垂直方向上**增加的时间**）来介绍同样的信息。

图表显示了光路的弯曲，并表明恒星的表面如何随着恒星的坍缩而一直收缩到奇点（恰好通过事件视界）。

重要的是要理解从恒星表面发出的光线的**路径**——当这条路径通过事件视界时。

就在事件视界形成之前，光线被引力强力弯折，但只是刚刚离开恒星表面。

片刻之后，当恒星**已处于事件视界之内时**，光线被引入恒星内部，朝向位于中心的奇点。

不过就在这两点之间，当恒星**刚好达到事件视界时**，引力太强令光无法逸出，但还没有强到将光线引入恒星内部的地步。光线只是盘旋在表面，这就界定了事件视界。

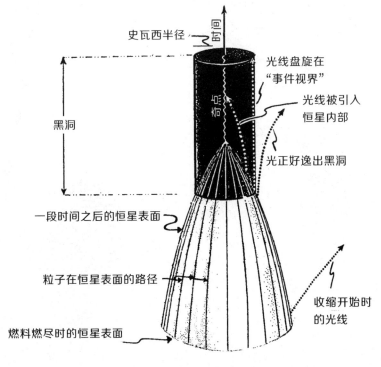

如果有人掉进黑洞，将会发生什么？

爱因斯坦和相对论者有一个胜过科幻小说的答案。按照奥本海默和斯奈德给出的解，任何通过事件视界的人最终都必定碰到奇点并产生灾难性的后果。

他会被挤压并拉长，直到（在黑洞中心）他的身体被拉伸到无限长，其宽度被挤压为零，就像一截意式细面。

就连他身体当中的原子也是一样！

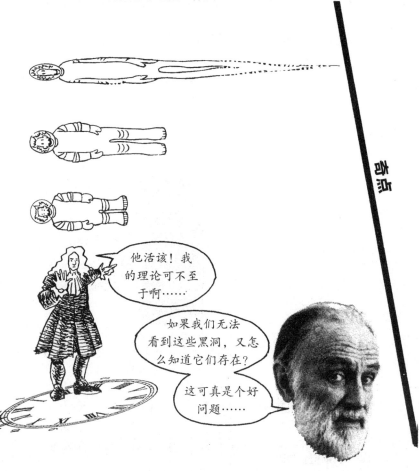

黑洞的观察证据

霍金说,仅在银河系中就有成千上万个黑洞。但是,直到一位天文学家足够幸运地看到一颗众所周知的恒星消失的那一天,我们只能使用间接的方法——例如观察某个双星系统,其中一颗星是可见的,另一颗则不可见(例如黑洞)——来说明。约翰·惠勒对这种系统做过一个有趣的比喻。

你去过舞会吗?——看到男生穿着黑色晚礼服,女生穿着白色长裙,挽着彼此的胳膊旋转……灯光被调得太暗,以至于你能看到的都是女生。

嗯,女生就是可见的恒星,男生就是黑洞。你看不到男生,但是旋转的女生提供了令人信服的证据,表明必定有某个东西令她保持在轨道上旋转。

1979年12月，X射线卫星"自由号"从肯尼亚海岸发射。天文学家即将使用电磁波谱的另一个部分——X射线——来探测天体。

天文学家在两年内就探测到300多个X射线源。其中位于天鹅座的一个射线源（现在被称为"天鹅座X-1"）看起来就像是黑洞的狂热爱好者翘首以待的双星系统。

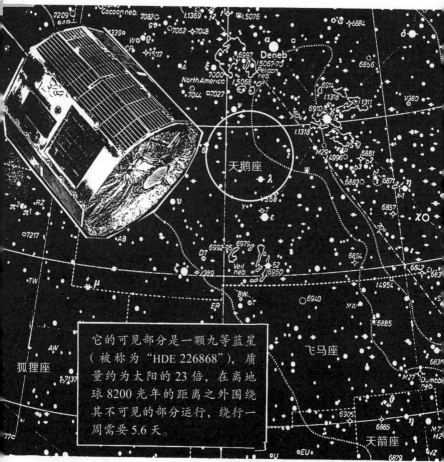

它的可见部分是一颗九等蓝星（被称为"HDE 226868"），质量约为太阳的23倍，在离地球8200光年的距离之外围绕其不可见的部分运行，绕行一周需要5.6天。

借助于对HDE 226868质量的恰当估计以及对其公转周期的可靠观测，天文学家可以计算出其不可见部分的质量——太阳质量的10倍。**质量太大了，因此不可能是中子星，只能是黑洞。**

理论家们很快就发展出一个模型来说明这些 X 射线。他们相信黑洞从其可见的伴星那里吸取物质,形成了一个围绕自身的吸积盘。炽热的内部区域以接近光速的速度运动时,导致了强烈的 X 射线爆发,紧接着,盘旋的物质就消失在黑洞中。

发现了天鹅座 X-1 以后,1978 年发射的第二颗 X 射线卫星("爱因斯坦号")已经标出了 1000 多个 X 射线源。其中只有两三个有可能是黑洞,几百个 X 射线源则被鉴定为中子星。大自然好像更喜欢稳定的中子状态而不是灾难性的黑洞。

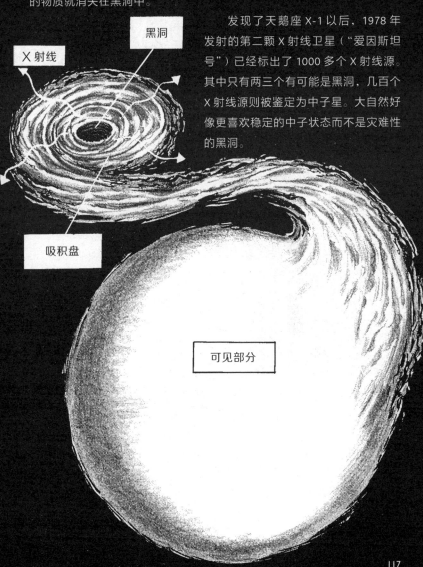

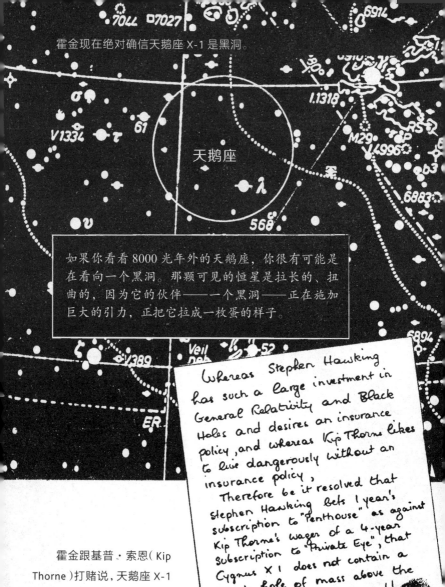

霍金现在绝对确信天鹅座 X-1 是黑洞。

如果你看看 8000 光年外的天鹅座,你很有可能是在看向一个黑洞。那颗可见的恒星是拉长的、扭曲的,因为它的伙伴——一个黑洞——正在施加巨大的引力,正把它拉成一枚蛋的样子。

霍金跟基普·索恩(Kip Thorne)打赌说,天鹅座 X-1 是黑洞。这是他俩打赌的字据。

70年代：霍金与黑洞

到了20世纪70年代早期，广义相对论和黑洞绝对是主流。霍金现在需要一个四条腿的助行器才能走动，但是他充满信心，随时准备行动。他当时独立从事研究，从世界各地选择合作者。他运用彭罗斯引入的高等数学方法（主要来自拓扑学）来研究黑洞的性质。约翰·惠勒在普林斯顿的团队、泽尔多维奇（Zeldovich）及其在莫斯科的学生以及基普·索恩（惠勒的门生，现在在加州理工学院）都赶不上他。他设法掌握新方法并保持领先。他的名字已经成为黑洞研同义词。

索恩成了斯蒂芬的密友,密切关注他的进展。

1970年11月,斯蒂芬·霍金作为物理学家的研究生涯开始发生重要进展。此前他已经做出几个重要发现,但还不算主要角色。而一进入70年代,我们看到他逐步成为主要人物。严重残疾的霍金,是如何做到在思想上和直觉上都超越那些领先的同事/竞争者(比如彭罗斯、伊斯雷尔以及泽尔多维奇)的?

他们可以用双手进行研究;他们能够画图,在纸上进行长达数页的演算——在这种演算中,人们可以把很多中间得出的复杂结果一路记录下来,然后回过头去查阅,将它们组合起来得到一个最终结果;我无法设想居然有人能在头脑中做这种演算。

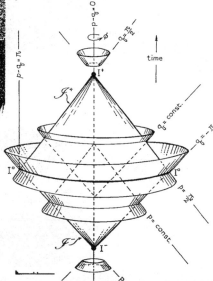

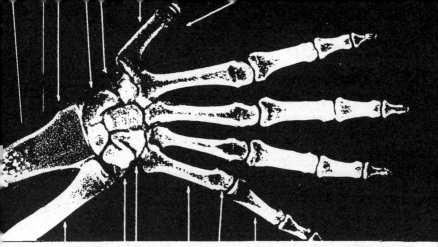

结果表明,霍金在头脑中设想的图像和方程,对某些类型的问题来说,比用传统的纸和笔做出的图像和方程更厉害,但对于其他问题来说则并非如此。他逐渐学会关注那些能让他的新方法发挥更大优势——这种优势无人能比——的问题。

到了70年代早期,霍金的双手基本瘫痪了;他既不能画图,也无法写方程。他完全是在头脑中进行研究。但是,由于他是逐渐失去对双手的控制的,所以他有足够的时间让自己适应。他逐渐训练自己的头脑,以一种不同于其他物理学家的思想方式来思考。他在头脑中直观地设想图像和方程,并由此进行思考,对他来说,这种全新的思考方式取代了用纸笔画图、写方程的传统思考方式。

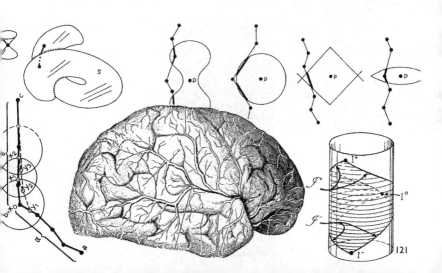

霍金的尤里卡时刻

霍金利用心里的图像来获得见识,他用这种方式处理的一个问题就是对黑洞表面积的研究。在黑洞动力学中,一个起初看起来相当神秘的问题,最终引导他在物理学领域做出了最伟大的发现。

正如爱因斯坦的"最幸福的想法"一样,霍金也能准确地记得最佳的思想萌芽出现时他正在做什么。

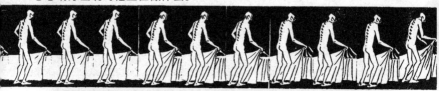

> 1970年11月某天晚上,当时我女儿露西刚出生不久,我在上床睡觉的时候开始思考黑洞。残疾令我的行动十分缓慢,所以我有充分的时间思考。

当考虑到光线的路径恰好在两个黑洞的事件视界上盘旋时,他立刻就想到,**一个黑洞的表面积永远都不可能减小**。他既不需要纸和笔,也不需要计算机——那些图像就在他头脑中。

> 这么一来,那个晚上我几乎没怎么睡着。

形成事件视界（即黑洞边界）的光线永远都不可能彼此接近。因此，事件视界（即黑洞表面）的面积可能会保持不变或者随着时间而增加，但是绝不可能减小。

否则的话，那就意味着，至少边界上的一些光线就不得不彼此接近……而这是不可能的！

这个陈述看起来似乎没有什么特别惊人的地方。既然没有事物能够逃离黑洞，而**任何东西**都可以进入黑洞，黑洞又怎么可能变小呢？但是霍金的想法更有一般性。即使**两个**黑洞结合起来，总的表面积也总是等于或大于二者之和，它绝不可能减小。霍金发表了这个结论。

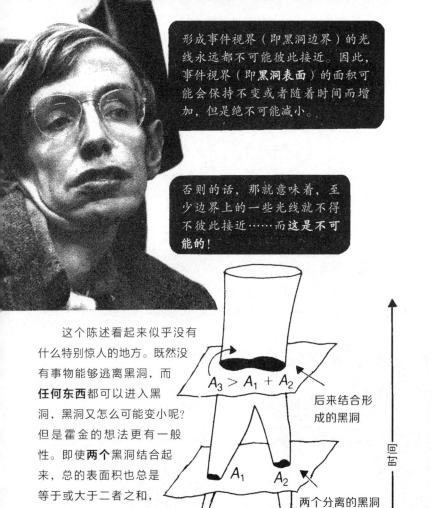

$A_3 > A_1 + A_2$

后来结合形成的黑洞

两个分离的黑洞在较早时刻（T_1）的面积 A

时间

一个黑洞的表面积只能保持不变或增加，但是绝不可能减小。

霍金的面积增加定律

"绝不可能减小。"这样的陈述立即让科学家们想到那个出现在热力学第二定律中被称为"熵"的量:**一个系统的熵("无序度")只能保持不变或增加,但绝不减少(如果系统是孤立的而且达到平衡的话)**。

> 热力学第二定律的历史非常有趣,你肯定需要有所了解。

热力学第二定律

19世纪,化学家、地质学家和物理学家发展出一组数学关系,这组关系将一些看似不相干的概念组合成寥寥数条有力的规律。热和运动能量之类的量被表明是同一个东西(即能量)的不同形式,这个东西一直被用来描述电、化学和磁效应。**宇宙(最大的孤立系统)当中可以得到的总能量是一个常数,一种形式可以被转变为另一种形式**。这被称为热力学第一定律。

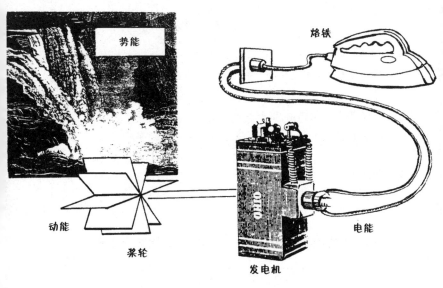

热力学第二定律更微妙也更深奥。赫尔曼·冯·亥姆霍兹（Hermann von Helmholtz）在 1854 年的一场讲座中指出，随着时间流逝，一切能量最终都会转变为处于某个均一温度的热，所有自然过程都会停止。这就是**宇宙热寂**（heat death）概念，它的基础是**能量耗散**原则。

德国物理学家鲁道夫·克劳修斯（Rudolf Clausius）在 1865 年提出了另一种方式来表述这个原则。

我引入了一个新概念，将它命名为"熵"（entropy），这个概念是按照从一个物体转移到另一个物体的热来定义的。

他表明，**每当热从热的物体流向冷的物体时，系统的总体熵总是增加的**。每当机械能转变为内能（热能）时，系统的总体熵也增加，就像在某些碰撞和摩擦过程中一样。

1878年,奥地利物理学家路德维格·波尔茨曼(Ludwig Boltzmann)对"熵"提出了一个更一般的定义。

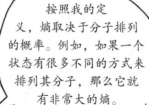

按照我的定义,熵取决于分子排列的概率。例如,如果一个状态有很多不同的方式来排列其分子,那么它就有非常大的熵。

鸡蛋掉到地上打破了。它不可能恢复原来的形态。

能量耗散原则(一般化的热力学第二定律)现在可以很简单地表述为:**一个孤立系统的熵总是倾向于增加**。这意味着什么呢?

这意味着:热不会自己从冷的物体流向热的物体;一个球不可能通过将热能转变为机械能而弹跳到比其原先更高的位置;鸡蛋不可能自己恢复原状。要是相反的事件发生了,它们不会违背任何牛顿力学原理,但是会减少一个系统的熵,因此是热力学第二定律所禁止的。这个定律告诉时间要走哪条路!

热力学第二定律究竟有多重要呢？我们对它的熟悉程度应该不亚于莎士比亚的任何作品，正如作家 C.P. 斯诺（C.P. Snow）在其著名作品《两种文化与科学革命》（*The Two Cultures and the Scientific Revolution*）中所说：

当人文学者听说某些科学家从未读过任何一本重要的英国文学作品，他们报以怜悯的一笑，将他们称为无知的专家。

受到挑衅的我经常问他们当中有多少人能够描述热力学第二定律。回答很冷淡，而且也是否定性的。

不过我问的问题对科学家来说就相当于："你读过莎士比亚的作品吗？"

C.P. 斯诺是谁？

现在回来说黑洞……

当物体达到热力学平衡时,它们**具有某个温度**,因此必定会发射**热辐射**,与周围环境交换能量,正如本书第 96 页和第 97 页所描述的。

但是,人人都知道黑洞并不发射任何东西——这是它的规定性特征。虽然任何东西都能落入黑洞,但没有东西能够逃逸出来,哪怕是光或者任何其他的辐射。

因此,一般来说每个人都明白:如果黑洞并不产生辐射,它们就不可能具有温度,因此也就不可能有熵。黑洞从宇宙中被割裂了,并不处于热平衡中……

大概每个人都是这么认为的。

没错,直到约翰·惠勒在普林斯顿大学物理系指导的一位研究生开始带来麻烦。

新观念的诞生引发争议

地点:普林斯顿,新泽西州

人物:约翰·惠勒与研究生雅各·贝肯斯坦(Jacob Bekenstein)

雅各,有件事总是让我烦心:当我把一杯热茶靠近一杯冷茶时,通过让热从前者流向后者,我就增加了宇宙中的无序,这就是说,我提高了宇宙的熵。这是对的吗?

绝对正确,惠勒教授,这就是热力学第二定律。

但是假设我看到一个黑洞飘移过来,我把两杯茶都倒进去。所有迹象就永远消失了,因为黑洞不可能有熵,对吗?而且,没有什么东西能够逃出黑洞。

吸溜!

让我想想,惠勒教授。

过了一会儿,贝肯斯坦回来对惠勒说……

我想黑洞确实有熵,它和霍金已经说明的表面积一样——总是在增加。我想我要写一篇短文,将黑洞的表面积鉴定为黑洞的熵。

地点：剑桥大学应用数学与理论物理系（DAMTP）
人物：霍金和布兰顿·卡特

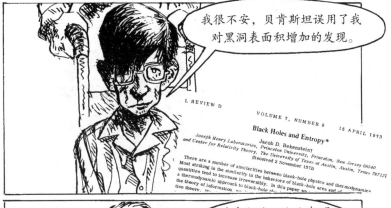

1972年8月，法国莱苏什黑洞物理学暑期学校

在法国阿尔卑斯山的一座山坡上，霍金、詹姆斯·巴丁（James Bardeen）和布兰顿·卡特正在联手从爱因斯坦广义相对论方程推出影响黑洞演化的整套定律。当工作完成的时候，他们得出了一套**黑洞力学定律**，它与热力学定律惊人地相似。

S（熵）$= k_1 A$（黑洞的表面积）
T（温度）$= k_2 G$（黑洞的表面引力）
k_1 和 k_2 都是常数

> 结果表明，如果我们只用"熵"来取代"黑洞的表面积"这个短语，用温度来取代"黑洞的表面引力"这个短语，那么每一条黑洞定律实际上都相当于热力学定律。

> 巧合不断增多。

与此同时，雅各·贝肯斯坦是正在参加暑期学校的一名学生，他仍然确信黑洞有熵。

暑期学校结束后，贝肯斯坦继续在专业期刊上把黑洞表面积鉴定为熵。但是他并未断言**黑洞有温度或者必定发出辐射**。贝肯斯坦的看法与热力学定律不一致。

另一方面,霍金继续攻击贝肯斯坦的结论,但是也变得越来越困惑。

假设贝肯斯坦是对的?那我就不得不寻求一个机制,令黑洞可能产生辐射。

对黑洞进行的一切计算都是使用近似方法得出的,这些方法立足于广义相对论,对于宏观物体——也就是说,大物体——来说是正确的。这些近似方法忽略了一切量子效应,而在黑洞的情形中,量子效应看起来是可以忽略的。

然后,霍金开始探究黑洞和星际空间的真空之间的边界;他很想知道,黑洞表面的强烈引力,怎么可能影响任何可能在那里出现的粒子(无论是真实的还是虚拟的)。

等一下,虚粒子(virtual particle)是什么?

又到了"**你需要知道**"的时候了。

你需要知道:不确定性原理与虚粒子

就像维尔纳·海森堡(Werner Heisenberg)在1927年所阐明的那样,不确定性原理所说的是,在我们能够多么精确地观测某些物理量(例如位置、动量、能量乃至时间)这件事情上,是有一些限制的。这不是对我们的测量仪器的限制,而是宇宙的一种内在特征,它无法绝对精确地揭示**一切量**。

我们可以思考一下外太空中的真空。我们假设它绝对不含有任何东西,因此具有零能量。但是出于同样的论证,我们无法确信有这种零能量。也许只要我们看得足够仔细,就能发现**某些**能量——至少在短时间内如此。

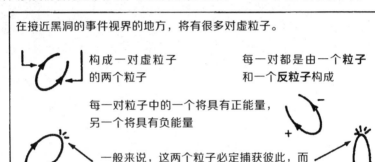

在接近黑洞的事件视界的地方,将有很多对虚粒子。

构成一对虚粒子的两个粒子

每一对都是由一个**粒子**和一个**反粒子**构成

每一对粒子中的一个将具有正能量,另一个将具有负能量

一般来说,这两个粒子必定捕获彼此,而当它们捕获彼此时,它们就湮灭对方

不确定性原理实际上得出了一个预测:能量可以在由**普朗克常数**(这个常数非常小)决定的某个尺度上连续地出现和消失。但是按照爱因斯坦场方程 $E=mc^2$,该能量能够转变为粒子和反粒子,突然存在或突然不存在。

这些粒子被称为"虚粒子",它们就在可观测的实在的阈限下四处闪烁。

霍金考虑了在黑洞表面（即事件视界）可能会发生什么，在那里，强烈的引力场与这些虚粒子对（virtual pairs）发生相互作用。他实际上是首次在一个单一的计算中把量子力学与广义相对论结合起来。他的发现看来非同寻常。

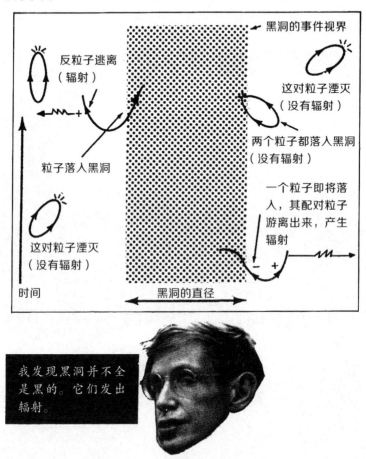

> 我发现黑洞并不全是黑的。它们发出辐射。

看来，黑洞表面的强烈引力能够把一对虚粒子中的一个（负能量）吸引进入黑洞，从而降低了黑洞的质量，而其他没有了配对的粒子（正能量）就以辐射的形式逃逸出去，可以被外部观察者（即没有掉入黑洞的观察者）检测到。

这个结果最值得注意的方面是辐射的本性。这种辐射具有非常完整的**热辐射**谱系,而这意味着黑洞就像宇宙中的其他任何物体。现在清楚的是,黑洞不仅有熵,而且有温度,并遵守 19 世纪晚期提出的经典热力学定律。

科普作家丹尼斯·奥弗比(Dennis Overbye)在其论述现代宇宙学的经典著作《孤独的宇宙之心》(*Lonely Hearts of the Cosmos*)当中,提出了一个奇妙的比喻来描述霍金的发现给他带来的感受。

就好像霍金突然间揭开了一辆法拉利跑车上的罩子,发现在它内部有一台古老的蒸汽机正在轧轧前进。

弗里曼·戴森（Freeman Dyson），世界顶级数学物理学家之一，迷上了这套新理论，在霍金访问普林斯顿高等研究院之后，他写了一篇通俗文章。

在霍金的全新图景中，黑洞不是无底深渊，而是一个物理对象。黑洞不是黑的，而是在某个确定的温度发出热辐射。

黑洞不是绝对永恒的，反而最终会蒸发为纯粹的辐射。

因此，霍金将黑洞带出了数学抽象的领域，将它领入我们能够看到和测量的事物的领域中。

霍金不愿意发表他的新成果,而仅仅与一些密友分享。

丹尼斯·夏默当时已经接受牛津大学物理系的教职,正在剑桥访问,他和另一位以前的学生见了面,这就是当时在剑桥天文学研究所工作的马丁·里斯。

1974年2月,牛津,卢瑟福-阿普尔顿实验室

会议主席约翰·泰勒(John Taylor)是一位著名的数学教授,写过一本关于黑洞的畅销书,他向听众介绍了霍金。

然后泰勒疾步冲出会议室。霍金在令人震惊的沉默中坐了下来。他知道自己的演讲会有争议,但他从未料到会发生这样的事。

距牛津会议1个月之后,霍金在《自然》杂志上发表了一篇关于这种新辐射的论文,标题为"黑洞爆炸吗?"。这篇论文后来成为全世界物理系的讨论主题,很多人仍对此持怀疑态度。

4个月后,泰勒与他在伦敦国王学院的同事保罗·戴维斯(Paul Davies)一道,在同一本刊物上发表了一篇反驳文章——《黑洞真的爆炸吗?》。

不是每个人都这么瞧不上霍金的新观念。

弗里曼·戴森将霍金的公式比作普朗克在1900年提出的划时代理论，后者通向量子力学。

也许霍金的新理论会提供量子引力的线索。

现在，霍金已经写下了一个看起来与普朗克方程十分相似的方程。霍金的方程是 $S=kA$，其中 S 是一个黑洞的熵，A 是其表面积，k 是一个常数。但是，它真的是要说熵和表面积就是同一个东西吗？现在我们还远未理解这一点，正如普朗克在1900年远远没有理解量子力学一样。我们所能确定的就是，霍金的方程是解开黑洞之谜的线索。不管怎样，我们能够确定，这个方程将作为一个尚未诞生的理论的中心特点而出现，该理论会将引力、量子力学和热力学结合起来。

也许，看待霍金的发现的最佳方式就是使用另一个历史类比。在1900年，普朗克写下了一个方程：$E=hv$。其中 E 是一个光波的能量，v 是其频率，h 是一个常数，即我们现在所说的普朗克常数。这个方程是量子理论的开端，但是在1900年，它没有什么物理意义。一直要到22年之后，当普朗克方程被纳入我们现在所说的量子力学当中时，其物理意义才开始变得清楚起来。

此前不可能有任何更加有力的证明来论证物理学的自洽——而这是迈向量子引力的第一步。正是三个不同的物理理论的统一，才使得霍金所说的黑洞辐射变得如此重要。

克劳修斯和波尔茨曼

热力学

1865 年、1878 年

热力学第二定律（熵）

霍金，1974 年

人们很快就认识到霍金的研究所具有的重要性。在他发表那篇关于黑洞辐射的论文之后仅仅几个星期,霍金就获得了英国最高的学术荣誉。仅仅在32岁的年纪,他就成为皇家学会会员,这项任职的确令他备感骄傲。

不久之后,霍金离开剑桥,受邀去加州理工学院(位于帕萨迪纳)做一年的访问,与美国杰出的理论家基普·索恩一道研究宇宙学,这项研究受到一份特殊的杰出学术奖金的资助。

在加州期间,我收到梵蒂冈罗马教廷的通知,说教皇科学院已经将我选为教皇庇护十一世奖章获得者。

这项奖励以一种奇怪的方式令霍金的研究发生了转变——从黑洞转向宇宙起源,后者是罗马天主教会非常感兴趣的论题。

霍金与梵蒂冈：一位现代的伽利略

势力强大的罗马天主教会在关于天体的科学理论方面有既定利益。数个世纪以来，教会推行的都是亚里士多德（一位很好的哲学家，却是一位糟糕的物理学家）的科学学说以及托勒密的天体系统理论，后者将地球和人都置于宇宙中心。

最终，在1992年，教会对我道歉。有点儿晚了吧，见鬼！

为了捍卫教会的学说，布鲁诺于1600年被烧死在火刑柱上，因为他传授哥白尼的**日心说**，认为太阳而非地球才是太阳系的中心。

33年之后，伽利略被迫跪在宗教裁判所前，听着背后传来一连串酷刑折磨的声音，被迫宣布放弃所信仰的哥白尼学说。

后来，他的余生都被软禁在位于阿尔切特里的别墅中。

梵蒂冈自此对那些尝试回答宇宙终极问题的科学家采取一种更加微妙的态度。看起来它很乐意向斯蒂芬·霍金这位出生于英格兰新教家庭的宇宙学家献殷勤。为什么呢?

教会很快就接受了这个观念（也就是说，按照梵蒂冈的标准）。1951年11月22日，在教皇科学院举办的一次会议的开幕式上，教皇庇护十二世宣称，勒梅特的观念**符合天主教的创世概念**。因此，任何支持大爆炸的科学家肯定都是罗马教廷的朋友。

我们年轻的朋友，斯蒂芬·霍金博士在1970年证明，爱因斯坦广义相对论要求宇宙中的一切物质和能量都必定曾经结合在一个**单一的点**——奇点——上。完美！

科学很快就要认出上帝之手了！

因此，教皇科学院当然应该将教皇庇护十一世奖章授予这位杰出的霍金先生，不是吗？

霍金则有点担心……

因为伽利略事件，我有点犹豫要不要接受奖章。当我抵达罗马领奖时，我坚持要求他们让我看看保存在梵蒂冈图书馆的伽利略审判记录。

到了70年代后期，霍金已经认识到，由于不确定性原理，广义相对论在大爆炸发生的时候并非有效；他当时正在探索广义相对论与量子力学的结合。他已经开始像异教徒那样思考了。

但是，他1981年回到罗马，应邀参加梵蒂冈组织的一个宇宙学会议。当时，他已经展开了一个新的研究领域，即宇宙的起源。他提交给会议的论文有一个极其专业的标题。

当我参加1981年在梵蒂冈举行的一次宇宙学会议时,我对宇宙的起源和命运的兴趣被再次唤醒。后来我们得到教皇的接见,他当时刚从一次袭击中恢复过来。

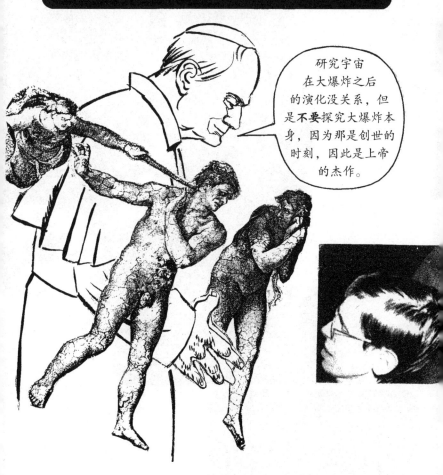

> 研究宇宙在大爆炸之后的演化没关系,但是**不要探究大爆炸本身**,因为那是创世的时刻,因此是上帝的杰作。

霍金在其演讲中提出,空间和时间在范围上是有限的,但自身是闭合的,没有界限或边缘。后来这被称为"**无界提议**"(No Boundary Proposal)。如果这个理论是正确的,那么就不会有奇点,而科学定律在**任何情况下**都会成立,包括在宇宙的开端。

霍金与早期宇宙

我很高兴,他并不知道我刚刚在会议上讨论了一种可能性,即时空是有限的,但没有界限,这意味着它没有开端,没有创世的时刻。

有一件事并不是直接、明确的:我的文章暗含了关于宇宙起源的观点,因为它相当专业,而且有一个令人生畏的标题——"宇宙的边界条件"。

霍金已经开始严肃地研究早期宇宙,这个主题至今仍然支配着他的思想。他在给梵蒂冈会议提交的文章中,引入了**无界提议**,这是他最新也最极端的想法。这是将量子理论应用于宇宙起源的奇点的尝试。

我们为何需要量子理论?

在宇宙大爆炸模型中,广义相对论提供了一个可靠程序,用以描述我们的宇宙从"零时刻"(time = 0)之后直到如今的演化。然而,由于霍金的贡献,我们现在知道,广义相对论预言了一个奇点,这套理论就失效了。它是一套**经典理论**,而当物质在如此难以置信的密度上被挤压到一起,时间和空间就不能再用爱因斯坦场方程来描述了。**如果一切物理定律在大爆炸时刻都失效了,那么物理学又如何能够描述宇宙的起源呢?** 我们**必须**使用量子理论。

现在的时代
人类生命演化

大爆炸之后 100 亿年
太阳系形成

大爆炸之后 50 亿年
银河系演化

大爆炸之后 30 万年
物质与辐射分离,宇宙背景辐射首次出现

宇宙大爆炸开始于 150 亿年前

量子宇宙学

从这个问题入手,霍金及其合作者、加州大学的吉姆·哈特尔(Jim Hartle)已经使用无界提议来发展**量子宇宙学**中的一个新观念。与先前的探讨不同,霍金和哈特尔已经使用虚时间(imaginary time)来研究大爆炸奇点。

推理大致是这样的:宇宙在诞生时完全处在量子状态之内。因此霍金和哈特尔将宇宙处理为一个单一的量子系统,并试图确定其**波函数**(wave function)。换句话说,他们是在把标准的量子力学原理应用于大爆炸开始**之前**的整个宇宙。

这是霍金最认真的尝试,他试图获得爱因斯坦50岁之后就不可能取得的成就——再下一个金蛋!

你听晕了吗?这也难怪。试图理解这个提议让大爆炸看起来就像儿戏。但是我们不妨继续……

量子引力或万有理论

这项研究被称为"量子引力"或"万有理论"（TOE, the theory of everything）——这是一个令大多数物理学家感到恼火的术语。到目前为止，粒子物理学家和相对论理论家做出的努力还没有取得什么成果。

就像我在量子电动力学理论中，将电磁场量子化为光子的时候所做的那样。

量子化场：
这种做法对引力管用吗？

理查德·费曼
（1918—1988）

就像往常一样，霍金采取了不同的方式来研究这个问题。发现宇宙波函数的，不是**量子引力**，而是他自己的**量子宇宙学**。这个发现基于他的无界提议。

有一件事情总是让我感到深深的不安,即如果物理定律可能在宇宙的开端失效,那么它们也可能在其他任何地方失效。这就是我们为何发展无界提议的原因,它消除了宇宙开端的奇点。

但是宇宙学遇到了一个问题,因为如果没有关于初始条件的假定,它就无法对宇宙做出预测。人们只能说,事情之所以是**现在**这样,是因为它们在某个更早的阶段就是那样。

很多人相信就应该是这样,科学就应该只涉及那些制约宇宙在时间上的演化方式的定律。他们觉得,决定宇宙如何**开始**的、宇宙的初始条件是一个形而上学问题或宗教问题,而不是一个科学问题。

是的,把它留给宗教,我在1981年就说过了!

量子宇宙学与复杂时间

那么,量子宇宙学到底有什么新东西呢?嗯,霍金和哈特尔已经使用复杂时间的数学技法来考察可以从那个初始的量子状态形成的**一切可能的**宇宙。时间被分为两个独立的部分:虚时间和实时间。虚时间与实时间不同,它在大爆炸中并不消失,因此,量子宇宙学**在**那个奇点是有用的。标准的量子力学方法于是就被用来得出宇宙的某个波函数。

接近大爆炸奇点的复杂时间

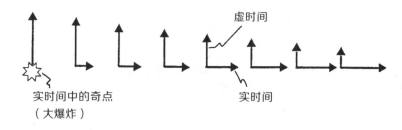

实时间中的奇点
(大爆炸)

虚时间

实时间

但是,标准的量子力学方法是什么呢?就此而言,**波函数**又是什么?

波函数——这个所有现代物理学中最普遍的变量——直接来自早期的量子理论。

它是维也纳物理学家欧文·薛定谔发明出来的。

波与粒子:大自然对物理学家开了一个玩笑

实验已经表明,大自然中有一种波粒二象性。例如,一束光产生干涉效应(表现得像波),但是也将电子逐出金属表面(表现得像粒子)。同样,电子显示了一切粒子性质,但是,当一束电子通过细梳形格栅发射时,它就会产生衍射模式。这种二象性是物理世界的一个基本事实,而我们必须承认它。它是著名的不确定性原理的一个结果……反过来说也成立。

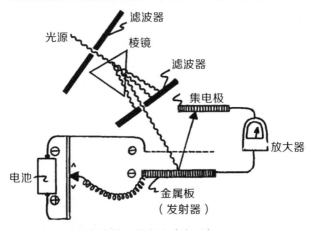

表现得像粒子的光波(光子)

在20世纪20年代,量子力学的早期重要人物——海森堡、薛定谔、玻尔和玻恩——发展了一门同时描述波和粒子这两个性质的语言。这门语言最优雅的形式就是薛定谔提出的一个方程,该方程的解——波函数——决定了一个**粒子**系统的活动方式。

如果每个粒子所碰到的力和屏障在**经典**意义上对于一个特定系统来说是已知的,我的方程就能立即写下来。方程的解就给出了关于该系统在空间中的所有点和所有时间的信息。

真是太不可思议了!

量子力学的奇异世界

但是波函数是什么呢?究竟什么是波动?

下面是马克斯·玻恩(Max Born)的提议(颇为反讽的是,它遵循了爱因斯坦的一个观念)。

> 弥漫在一个原子核周围的空间中并描述了一个粒子系统之活动方式的波函数,就是一个**概率波**(probability wave)!它指出粒子**可能**在哪里。

氢原子是可以利用量子力学来解决的一个最简单的问题。在这种情况下来解薛定谔方程时,得到的波函数就决定了该原子的每个能态的概率,因为它给出了在离原子核的各个距离发现电子的概率。原子核被包裹在某个概率云中,而不是被包裹在经典原子的精确的行星式电子轨道中。

氢原子的经典图景

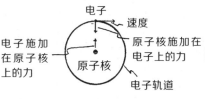

氢原子的量子图景

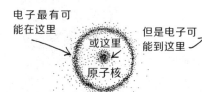

> 在环绕氢原子的概率云很密集的地方,人们更有可能发现电子,但绝不可能确切地说电子在任何一个时刻处于原子中的什么位置。人们只能说出它将出现在各个地方的概率。

量子宇宙学：将薛定谔方程应用于宇宙

霍金是一位大胆的思想家吗？我们不妨想想宇宙的**宇宙学模型**，而不是原子中的电子轨道。广义相对论接受各种模型：在一些模型中，宇宙从一个点膨胀到某个最大尺度，然后又回到一个点；在其他模型中，宇宙永远都在膨胀；在另外一些模型中，宇宙在不同方向上有差别地膨胀。但这一切都符合爱因斯坦方程。

正如薛定谔用波函数（它们描述了一个电子做某件事情的概率）来取代经典电子轨道一样，霍金和哈特尔将一个波函数指派给个别的宇宙模型，这个波函数指出了宇宙具有某个特定的几何学概率。

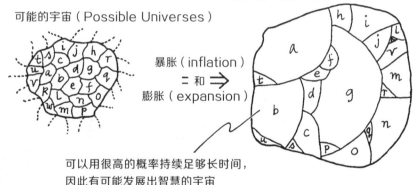

可几的宇宙（Probable Universes）
（都遵守广义相对论）

可能的宇宙（Possible Universes）

暴胀（inflation）
= 和 ⇒
膨胀（expansion）

可以用很高的概率持续足够长时间，因此有可能发展出智慧的宇宙

通过只选择在时间上或是空间上没有边界的宇宙，霍金和哈特尔得到了一些结果，这些结果似乎与对**我们的**宇宙的观察相一致。

封闭宇宙满足这个限制。它们是有限的,却没有边缘,很像地球的二维平面。它们膨胀,停下来,然后退回到同样状态,就像下图中显示的碗沿上的点。

如此描绘的封闭宇宙将是有始有终的,因此只是在实时间中才会有边界。然而,虚时间的部分是连续的。因此,霍金和哈特尔让这个封闭宇宙的初始奇点和最终奇点都消失了。

时间

他们也表明**均匀的**宇宙是最大概率的,并最终预言说,我们的宇宙既是**封闭的**(closed)又是**均匀的**(uniform)——一个有限无界的时空球体。

银河系的均匀分布 ——
按照美国航空航天局
红外线探测卫星
资料绘制

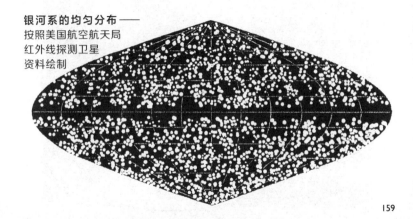

1995年2月17日，应用数学与理论物理系

在本书出版仅6个星期前，霍金告诉作者……

> 无界提议预言了一个以非常平滑和有序的方式开始运动的宇宙。它起先通过暴胀而膨胀，然后过渡到标准的**热大爆炸**（hot big bang）模型，在以一种无序的和无规律的方式坍缩到一个大收缩奇点之前，它进一步膨胀到某个最大半径。

> 实时间在那个点上终止了，但是宇宙继续存在。

> 你的理论得出了这样一个预言：一个封闭和均匀的宇宙是最有可能的，密度变化由于量子涨落而应该存在于早期宇宙中。看来这个无界提议就是你的第三个金蛋了……

到目前为止，按照简单模型来进行的计算表明，一个"无界提议"设想的宇宙很像我们自己的宇宙。此外，它将吸收当代宇宙学的某些重要观念，例如**暴胀**和**量子涨落**。甚至**人择原理**（anthropic principle）看起来也很合适。如果你能理解最后这三个概念，你想必就很好地理解了霍金的宇宙。对于一个入门读者来说这就很不错了！

暴胀

20 世纪 70 年代晚期，一个名叫"**暴胀**"的新概念被引入，按照这个概念，仅仅在几分之一秒内，宇宙就从比质子还小的初始状态膨胀到大约 10 米的宏观尺度。膨胀率巨大无比。这个概念解决了困扰宇宙学家多年的两个问题。

1. 为什么宇宙如此平坦，也就是说，没有显示弯曲的证据？

2. 为什么宇宙背景辐射如此均匀？

首先，第一个问题意味着，宇宙的质量密度从其最早的膨胀开始，就被完美地调整到临界值。这是一个令人惊异的命题（参见第 47 页）。但是，一开始的迅速膨胀会将宇宙拉平到临界质量密度，正如下面简单的图示所表明的。

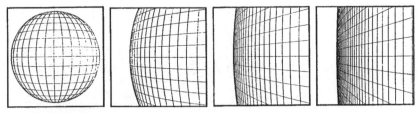

暴胀对宇宙的拉平

其次，暴胀也能说明宇宙背景辐射为何如此均匀。当宇宙具有无穷小的尺度时，所有物质和能量都是同质的，因为每个东西都与每个其他东西相联系。随着暴胀发生，在那个早期时刻存在的同质性就传遍那个更大的宇宙，后者继续膨胀。因此，当物质和辐射在 30 万年后解耦（de-coupled）时，宇宙仍然出奇地均匀。

暴胀与量子涨落

使早期宇宙变得平滑的暴胀也能产生小密度变化,后者或许可以解释星系的形成。回想一下我们在本书第134页对虚粒子的讨论,不难看出,如果我们足够仔细地观察任何物理系统(哪怕是一个真空),我们都可以观察到**量子涨落**效应。

暴胀并没有**抹除**这些量子涨落,而是使之成为**密度变化**,作为跨时空的质能波纹而出现。然后,在作为微小的温度变化的背景辐射上,这些波纹就应该留下印记。

这些温度变化确实就是乔治·斯穆特(George Smoot)及其在伯克利和美国航空航天局的团队正在寻找的东西,他们使用了1989年发射的宇宙背景探测卫星。我们还需要一个更大胆的概念……

不超过一秒

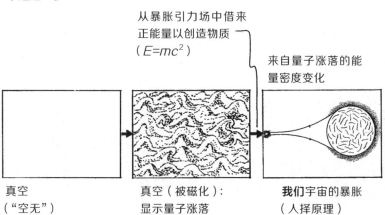

从暴胀引力场中借来正能量以创造物质($E=mc^2$)

来自量子涨落的能量密度变化

真空
("空无")

真空(被磁化):
显示量子涨落

我们宇宙的暴胀
(人择原理)

人择原理

人择原理是一个准形而上学概念,意思是说,如果某个特定宇宙并不具有大自然的某些根本常数,从而允许生命存在和智慧发展,那么就绝不会有任何人就其性质进行记述。正是因为有了这些常数,我们的宇宙对我们来说看起来才如此正确,它得到了完美的调整。

尽管很多科学家认为这个想法一文不值,但与诺贝尔奖获得者斯蒂文·温伯格[Steven Weinberg,他写了一本关于早期宇宙的重要著作,即《最初三分钟》(*The First Three Minutes*)]地位相当的权威都相信,**量子宇宙学**提供了一个语境,它令人择原理得以成为简单的常识。**最大概率的宇宙就是我们身处其中的宇宙!**就像伏尔泰(Voltaire)笔下荒谬的哲学家潘葛洛斯(Pangloss)不断地告诉憨第德(Candide)的那样:"我们生活在所有可能世界中最好的那个世界当中。"

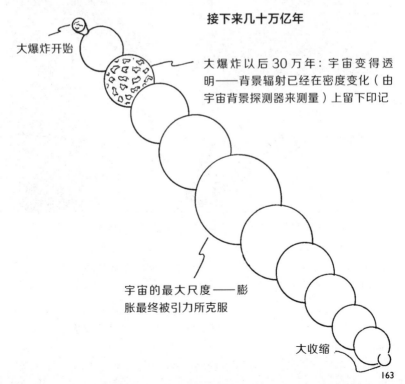

接下来几十万亿年

大爆炸开始

大爆炸以后30万年:宇宙变得透明——背景辐射已经在密度变化(由宇宙背景探测器来测量)上留下印记

宇宙的最大尺度——膨胀最终被引力所克服

大收缩

霍金与诺贝尔奖

霍金已经获得了一位科学家所能获得的几乎一切奖励和荣誉。一个问题很自然地出现了：他会不会被授予那项最著名的荣誉——一份来自斯德哥尔摩皇家科学院的邀请，邀请他去接受诺贝尔物理学奖？

有一些复杂的原因。首先，这个奖项只是很罕见地颁发给天文学或宇宙学而不是纯粹物理学领域的研究。第二个障碍则更严重。阿里弗雷德·诺贝尔（Alfred Nobel）是一位实干家（他从 TNT 炸药的专利中发了大财），并强调理论发现只有得到实验证实才有资格获奖。

对于霍金这样的宇宙学家来说，实验室扩展到了宇宙最遥远的区域，因此实验证实或许永远都是不可能的，或者往好里说也需要数十年的时间。

我们来看一下，在霍金的理论发现中，哪些可能为他赢得诺贝尔奖。

1. 通过利用广义相对论，霍金和彭罗斯表明，经典时间概念必定已经开始于大爆炸的一个奇点，因此，宇宙曾经在一个热致密状态下存在。
2. 1974年，他发现，黑洞就像热力学物体那样辐射（现在被称为"**霍金辐射**"），并具有一定温度（与黑洞的表面引力成正比）和熵（与黑洞的表面积成正比）。
3. 他与吉姆·哈特尔一道提出了一个被称为"无界提议"的早期宇宙模型，该模型预言了早期宇宙中由于真空的量子涨落而发生的密度变化。

讽刺的是，**霍金辐射**——他最重要的研究——似乎不可能被提名诺贝尔奖，因为这种辐射似乎是无法检测的。

然而，如果对宇宙背景辐射可以做出极为精确的**绝对**测量和极其灵敏的**差分**测量，那么大爆炸奇点（宇宙的热致密状态）和量子涨落（星系形成的种子）都能得到证明。

这正是宇宙背景探测器在1989年到1992年之间所做的工作。

宇宙背景探测器：有史以来最重要的发现（？）

宇宙背景探测器（COBE）花费了人们 12 年的时间来进行设计和落实，取得了令人惊叹的结果。这些仪器在 1989 年发射，只用了 8 分钟时间就证实了从彭齐亚斯和威尔逊 1964 年的测量中得出的结论，但这一次是在很多不同的波长上进行测量。数据描绘出一条背景温度为绝对零度以上 2.736 度、近乎完美的热辐射曲线（参见第 97 页）。

这是 COBE1 号卫星，它使用了一台绝对微波辐射计，由卫星舱内装的液氦来校准。结果确定无疑地表明，探测器当时察看的正是我们称为"大爆炸"的早期宇宙的热致密状态的残余。这样一条曲线会让普朗克激动不已，正如它于 1990 年首次提出时令美国天文学会激动不已。

COBE 对背景辐射的测量

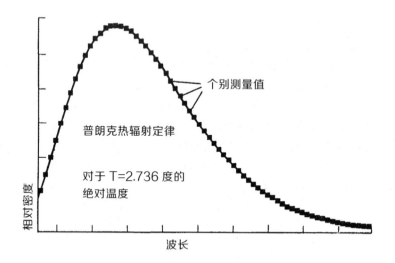

不过还有更大的新闻。COBE2号卫星使用了一台灵敏的差分微波辐射计（DMR）。DMR测量的不是辐射在太空某个特定点上的绝对温度，而是两个点之间的**温差**。COBE1号卫星的单天线给出了"在点A的温度是2.725度"这一答案。但是COBE2号卫星的双天线给出了"点A和点B之间的温差是0.002度"这一答案。

COBE 航天器

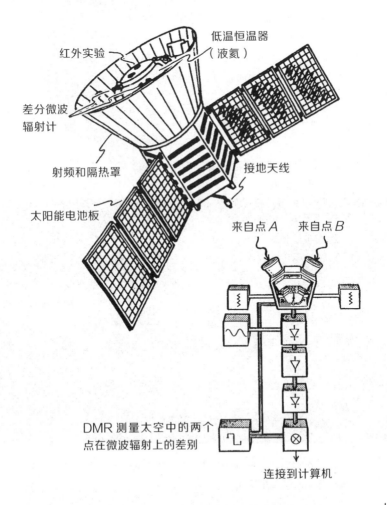

这就是乔治·斯穆特的计划——寻找波纹在存在了30万年之久的宇宙时空中留下印记的证据。1992年4月，在经过两年多的数据收集和分析后，斯穆特及其团队发表了一个激动人心的声明。COBE卫星已经检测到背景辐射中大约十万分之一度级别的微小温度变化。

按照计算机生成的整个天空平面图，在大星系团的方向，温度略高，而在大宇宙空洞的方向，温度略低。

COBE的微波天空地图显示了我们的银河系和宇宙波纹。

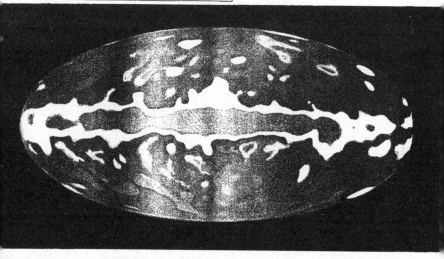

看来，理论家们现在可以按照几十亿年前发生的事件，来解释我们在今天的宇宙中看到的某些结构了。

世界各地的媒体都热烈地欢迎这项报告。

宇宙背景探测器绘制了天空的样貌,测量了大爆炸的背景辐射。

霍金和斯穆特都提出了声明,这些声明大约涵盖了这个情感谱系的两端。斯穆特是一个有宗教信仰的人,他将大爆炸看作一个创世事件。COBE 的结果在情感上打动了他。

霍金则持有不同看法。对他来说,COBE 观测到的背景辐射变化只是量子涨落在一个暴胀宇宙中出现的证据,而这符合他的无界提议。难怪他笑了。

对于大多数科学家来说,COBE 的成功是对大爆炸宇宙学的极好确认。但是游戏尚未结束。对宇宙起源和结构之秘密的最终解决可能会复杂得多。

亚里士多德和托勒密的以地球为中心的宇宙,哥白尼的以太阳为中心的体系,勒梅特的宇宙蛋,霍金的无界提议,这些都只是深入理解宇宙以及我们在其中的位置的初步尝试。这是一趟每个人都可以去沉思、去理解、去享受的旅程。

宇宙学家斯蒂芬·威廉·霍金——生活在大约公元2000年的人类典范——无疑已经做出了自己的贡献。

延伸阅读

关于霍金的书

Michael White and John Gribbin, *Stephen Hawking, A Life in Science*, New York: Plume Book (Putnam).

Kitty Ferguson, *Stephen Hawking, Quest for a Theory of Everything*, New York: Bantam Books, 1992.

经典天文学的发展

Arthur Koestler, *The Sleepwalkers*, New York: Grosset & Dunlap, 1959.

Timothy Ferris, *Coming of Age in the Milky Way*, New York: Anchor Books, 1989.

新宇宙学 / 黑洞

Stephen Hawking, *A Brief History of Time*, New York: Bantam Books, 1989.

Steven Weinberg, *The First Three Minutes*, New York: Bantam Books, 1984.

K. S. Thorne, *Black Holes and Time Warps*, New York: W. W. Norton & Co., 1994.

W. M. Kaufman, *Black Holes and Warped Spacetime*, San Francisco, W. H. Freeman, 1979.

Jean Pierre Luminet, *Black Holes*, New York: Cambridge University Press, 1992.

John Gribbin, *In Search of the Big Bang*, New York: Bantam Books, 1986.

Dennis Overbye, *Lonely Hearts of the Cosmos*, New York: Harper Collins, 1991.

宇宙背景探测器

George Smoot and Keay Davidson, *Wrinkles in Time*, New York: Avon Books, 1994.

致谢

本书的写作受到了去年暑假在牛津与丹尼斯·夏默的一场交谈以及基普·索恩（Kip Thorne）的新著（真是神来之笔）的鼓舞。约翰·格里宾（John Gribbin）的书籍及其在《新科学家》（New Scientist）上的专栏文章向来都很有帮助。特别感谢约翰·惠勒（John Wheeler）、弗里曼·戴森（Freeman Dyson）、雅各·贝肯斯坦（Jacob Bekenstein）以及西蒙·谢弗（Simon Shaffer），他们向我提供了有用的参照和图表。我与克里斯·艾沙姆（Chris Isham）讨论过宇宙学，他也阅读了本书出版前的手稿。

我在剑桥大学应用数学与理论物理系的访问，对于发展我对霍金故事的新认识极为重要。该系行政人员——特别是休·梅西（Sue Masey）女士——总是积极配合我的诸多请求。简·霍金（Jane Hawking）提供了一些有益的背景材料，也阅读了出版前的手稿。

在后方，我的家人历来都大力支持我的工作，特别是我的妻子帕特（Pat），在过去7个月的时间里，她为我提供了讲述这个故事所需要的心理和思想空间。她很了解这些事情。

当我因面临重重困难而神秘地消失的时候，我的同事马利克·布雷彻（Maryke Brecher）"掩护"了我。凯西·布莱克（Kathy Black）以其令人敬畏的打字技能帮我赶上了（几乎）每个最后期限。

我要特别感谢霍金，他从一开始就认同我的计划，从自己繁忙的日程中挤出时间来与我进行多次讨论并提出建议。斯蒂芬影响了与他一道工作的大多数人，我也不例外。通过观察他与其他人的交流，我学会了在自己的所有工作上变得更简洁、更精确、更清晰。我也告诫自己，绝不要让头痛或疲劳之类的小病打断任何有价值的努力。

奥斯卡·萨拉特（Oscar Zarate）让本书不同于我曾经看到的、关于物理学或天文学的其他任何书籍。本书的目标是要图解每一个我认为重要的思想（不管多么抽象）——同时开动大脑的两个部分。为了达成这个目标，他阅读了大量物理学和天文学方面的书籍，并随着本书大纲的成形，全神贯注地倾听我的深夜谈话。我希望这已经取得了成效！

J.P. 麦克沃伊

1995年3月于伦敦

奥斯卡·萨拉特感谢朱迪·格罗夫斯（Judy Groves）在图表方面提供的帮助，伍德罗·菲尼克斯（Woodrow Phoenix）在印字方面提供的帮助，玛尔塔·罗德里格斯（Marta Rodrigues）在扫描图片方面提供的帮助，以及比尔·梅布林（Bill Mayblin）在图表方面提出的忠告。

索引

anthropic principle 人择原理 161, 163

Bekenstein, Jacob 雅各·贝肯斯坦 129—133
Bell, Jocelyn 乔瑟琳·贝尔 101
Bethe, Hans 汉斯·贝特 108—109
big bang theory 大爆炸 47—49, 66, 72, 81—83, 99, 146—160
big crunch 大收缩 47—49, 163
black holes 黑洞 39, 78, 89, 104—123, 128—143
  finding 发现黑洞 116—117
  Hawking 霍金与黑洞 119—120, 128 页及以下 也见"引力坍缩"
Boltzmann, Ludwig 路德维格·波尔茨曼 126
Born, Max 马克斯·玻恩 157

Catholic Church 天主教会 144—150
COBE satellite 宇宙背景探测卫星 166—170
complex time 复杂时间 155
cosmic radiation 宇宙辐射 95
cosmological constant 宇宙常数 46
cosmology 宇宙学 10, 86—89

Dyson, Freeman 弗里曼·戴森 137, 141

eclipse 日食 40—41
Eddington, Arthur S. 亚瑟·爱丁顿爵士 41, 109
Einstein, Albert 阿尔伯特·爱因斯坦 26—43, 46, 55 也见"相对论"
electromagnetic spectrum 电磁波谱 91
entropy 熵 124, 129—133, 136
equivalence principle 等效性原理 32
event horizon 事件视界 111—114, 134—135

Feynman, Richard 理查德·费曼 153
Friedmann, Alexander 亚历山大·弗里德曼 46—47

Galilei, Galileo 伽利略·伽利莱 145
Gamow, Georges 乔治斯·伽莫夫 95
geodesics 测地线 28
God 上帝 27
Gold, Thomas 托马斯·戈尔德 89, 103
gravitation 重力 12, 24—25
    也见"空间曲率"
gravitational collapse 引力坍缩 45, 50—52, 58—61
gravity 引力 10—25, 28, 142, 152

Halley, Edmund 爱德蒙·哈雷 16, 18
Hartle, Jim 吉姆·哈特尔 152—155, 158—159
Hawking, Stephen 斯蒂芬·霍金
  born 出生 54
  illness 疾病 2—5
  intelligence level 智商 85
  married 结婚 84
  Nobel Prize? 诺贝尔奖? 164—165
  Pope Pius medal 教皇庇护十一世奖章 147—148
  Royal Society 皇家学会 144
  thesis 博士论文 65—71
Hawking's law of area increase 霍金面积增加定律 123
Heisenberg, Werner 维尔纳·海森堡 133—134, 142
Hoyle, Fred 弗雷德·霍伊尔 64, 66—70, 82
Hubble, Edwin 爱德文·哈勃 48—49

inflation 暴胀 161—162

Kepler, Johannes 约翰尼斯·开普勒 17

law of motion 运动定律 25
laws of
　black hole mechanics 黑洞力学定律 131
　thermodynamics 热力学定律 124—127, 131
Lemaître, Abbé 阿贝·勒梅特 48—49

mass 质量 12, 14—15, 22—25
Mercury, perihelion 水星近日点 20, 33—37
microwaves 微波 97—99
motor neurone disease 运动神经元疾病 2—5

Narlikar, Jayant 贾扬特·纳里卡 67
neutron stars 中子星 102—103, 110—111
Newton, Isaac 艾萨克·牛顿 9, 11, 12—17
law of motion 牛顿运动定律 25
No Boundary Proposal 无界提议 149—150, 153—154, 160—161

On the Internal Constitution of Stars《论恒星的内部构成》109
Oppenheimer, J. Robert 罗伯特·奥本海默 50—54, 56—61

partial theories 局部理论 11
particles 粒子 156 也见"虚粒子"
Penrose, Roger 罗杰·彭罗斯 6, 73—79
Penzias, Arno 阿诺·彭齐亚斯 98—99, 166
Planck, Max 马克斯·普朗克 96—97, 141
Planck's constant 普朗克常数 134
Principia《自然哲学的数学原理》16, 18, 20—21
principle of equivalence 等效性原理 32
pulsars 脉冲星 102—103

quantum 量子
　cosmology 量子宇宙学 152, 155, 158, 163
　fluctuations 量子涨落 162
　gravity 量子引力 142, 152
　mechanics 量子力学 157
　theory 量子理论 152
quasars 类星体 89—90, 93—94

radiation 辐射 128, 167—168
relativity theory 相对论 7—9, 11, 26, 158

satellites 卫星 116—117
Schrödinger, Erwin 欧文·薛定谔 155
Schwarzschild
　geometry 史瓦西几何学 44—51
　radius 史瓦西半径 113
Schwarzschild, Karl 卡尔·史瓦西 44—45, 77
Sciama, Dennis 丹尼斯·夏默 5, 64, 71—74, 138
Singularities of Gravitational Collapse《引力坍缩的奇异性和宇宙学》100
singularity 奇点 73-82, 100, 112
　　　　也见 "黑洞"
Smoot, George 乔治·斯穆特 168—170
solar 太阳的
　eclipse 太阳日食 40—41
　system 太阳系 16
space curvature 空间曲率 28—41
　Schwarzchild 史瓦西 44—45
　singularity 空间曲率与奇点 76—77
stars 恒星 107—112
steady state theory 恒稳态理论 100

Taylor, John 约翰·泰勒 139
theory of everything 万有理论 153
thermal radiation 热辐射 96—98
　black holes 黑洞的热辐射 128
thermodynamics, laws of 热力学定律 124—127, 131

black holes 黑洞的热力学 128
Thorne, Kip 基普·索恩 119—121, 144

uncertainty principle 不确定性原理 134, 156
universe 宇宙
　beginnings 宇宙的开端 79, 148—163
　evolution 宇宙演化 83
　expanding 膨胀宇宙 46—49, 94
　flat 平坦宇宙 47, 161
　history 宇宙的历史 99 也见"大爆炸"
universes, other 其他的宇宙 158—159

vacuum solution 真空解 37
virtual particles 虚粒子 133—134

wave function 波函数 152, 155—157
wavelengths 波长 91—92
Weinberg, Steven 斯蒂文·温伯格 163
Wheeler, John 约翰·惠勒 56—61, 104, 115, 129—130
white dwarf 白矮星 110—111
Wilde, Jane 简·怀尔德 5—6
Wilson, Robert 罗伯特·威尔逊 98—99, 166

图画通识丛书

第一辑

伦理学
心理学
逻辑学
美学
资本主义
浪漫主义
启蒙运动
柏拉图
亚里士多德
莎士比亚

第二辑

语言学
经济学
经验主义
意识
时间
笛卡尔
康德
黑格尔
凯恩斯
乔姆斯基

第三辑

科学哲学
文学批评
博弈论
存在主义
卢梭
瓦格纳
尼采
罗素
海德格尔
列维-斯特劳斯

第四辑

人类学
欧陆哲学
现代主义
牛顿
维特根斯坦
本雅明
萨特
福柯
德里达
霍金